Impressum
Verlag: BABADADA GmbH, Nedderfeld 112 , 22529 Hamburg
Geschäftsführer / Verlagsleitung: Harald Hof
Druck: Books on Demand GmbH, In de Tarpen 42, 22848 Norderstedt

Imprint
Publisher: BABADADA GmbH, Nedderfeld 112 , 22529 Hamburg, Germany
Managing Director / Publishing direction: Harald Hof
Print: Books on Demand GmbH, In de Tarpen 42, 22848 Norderstedt

škola

σχολείο

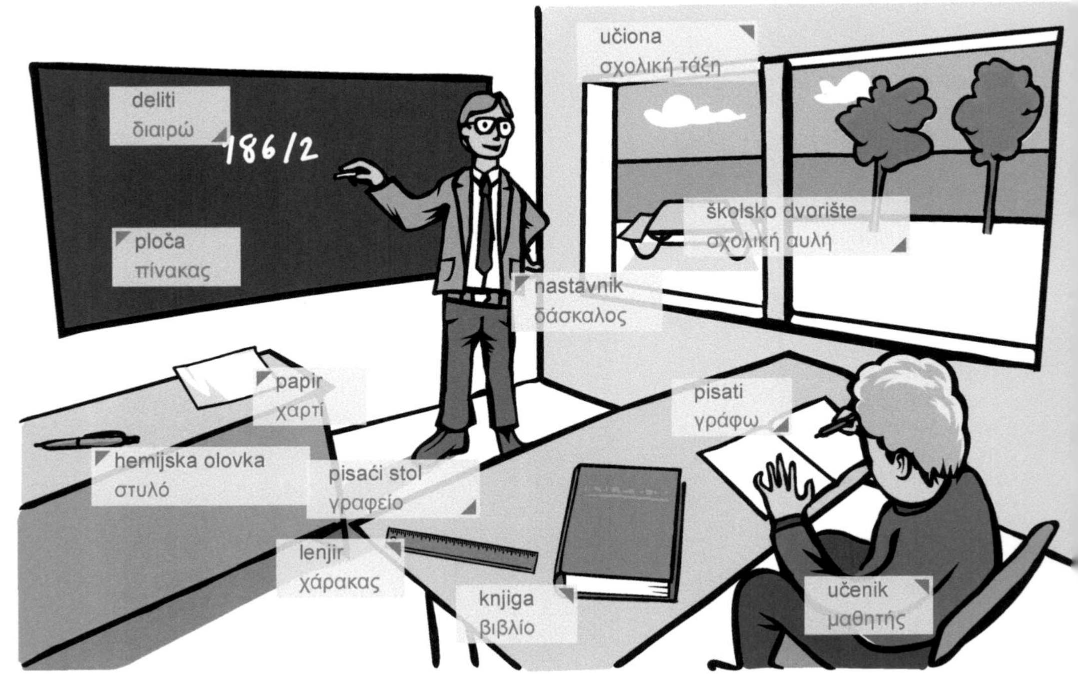

učiona
σχολική τάξη
deliti
διαιρώ
186/2
ploča
πίνακας
školsko dvorište
σχολική αυλή
nastavnik
δάσκαλος
papir
χαρτί
pisati
γράφω
hemijska olovka
στυλό
pisaći stol
γραφείο
lenjir
χάρακας
knjiga
βιβλίο
učenik
μαθητής

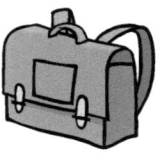

torba

σχολική τσάντα

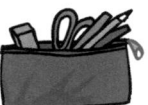

pernica

κασετίνα/ μολυβοθήκη

grafitna olovka

μολύβι

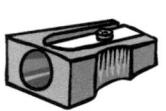

šiljilo za olovke

ξύστρα

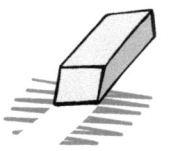

gumica za brisanje

γόμα

blok za crtanje

μπλοκ ζωγραφικής

crtež

ζωγραφική

kist

πινέλο

kutija sa bojama

κουτί χρωμάτων

makaze

ψαλίδι

lepilo

κόλλα

beležnica

τετράδιο ασκήσεων

domaći zadatak

εργασία για το σπίτι

broj

αριθμός

2+2

sabirati

προσθέτω

5-2

oduzimati

αφαιρώ

množiti

πολλαπλασιάζω

računati

υπολογίζω

A

slovo

γράμμα

ABCDEFG HIJKLMN OPQRSTU VWXYZ

abeceda

αλφάβητο

reč

λέξη

tekst
κείμενο

čitati
διαβάζω

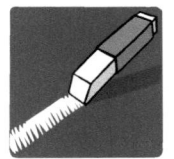

kreda
κιμωλία

čas
μάθημα

dnevnik
εγγράφομαι

ispit
τεστ

svedočanstvo
πιστοποιητικό

školska uniforma
μαθητική στολή

obrazovanje
εκπαίδευση

leksikon
εγκυκλοπαίδεια

univerzitet
πανεπιστήμιο

mikroskop
μικροσκόπιο

karta
χάρτης

košara za papir
καλάθι αχρήστων

putovanje
ταξίδι

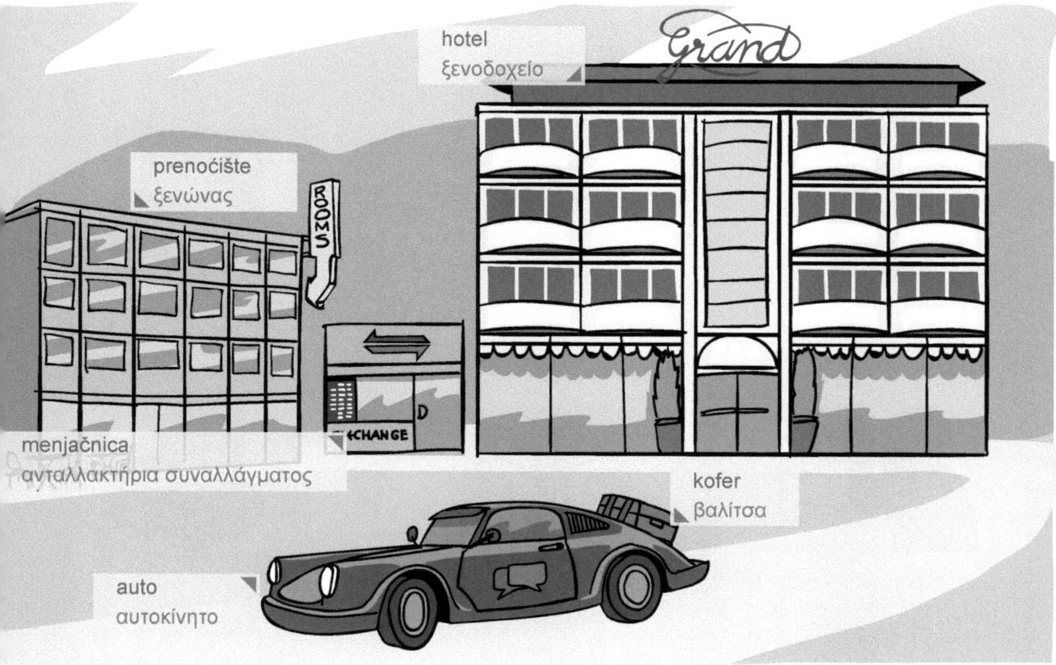
hotel
ξενοδοχείο
Grand
prenoćište
ξενώνας
ROOMS
EXCHANGE
menjačnica
ανταλλακτήρια συναλλάγματος
kofer
βαλίτσα
auto
αυτοκίνητο

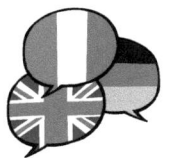

jezik
γλώσσα

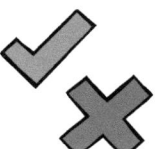

da / ne
ναι / όχι

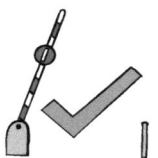

okej
εντάξει

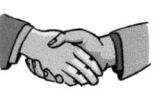

zdravo
γεια σου

prevodilac
μεταφραστής

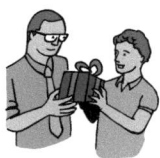

hvala
Ευχαριστώ

Koliko košta...?

πόσο κάνει ;

ne razumem

Δε καταλαβαίνω

problem

πρόβλημα

dobro veče!

Καλησπέρα!

Dobro jutro!

Καλημέρα!

Laku noć!

Καληνύχτα!

doviđenja

Αντίο

smer

κατεύθυνση

prtljaga

αποσκευές

torba

τσάντα

ruksak

σακίδιο πλάτης

gost

καλεσμένος

soba

δωμάτιο

vreća za spavanje

υπνόσακος

šator

σκηνή

turističke informacije
τουριστικές πληροφορίες

plaža
παραλία

kreditna kartica
πιστωτική κάρτα

doručak
πρωινό

ručak
μεσημεριανό

večera
δείπνο

karta za vožnju
εισιτήριο

lift
ανελκυστήρας

poštanska markica
γραμματόσημο

granica
σύνορα

carina
τελωνείο

ambasada
πρεσβεία

viza
βίζα

pasoš
διαβατήριο

transport

μεταφορά

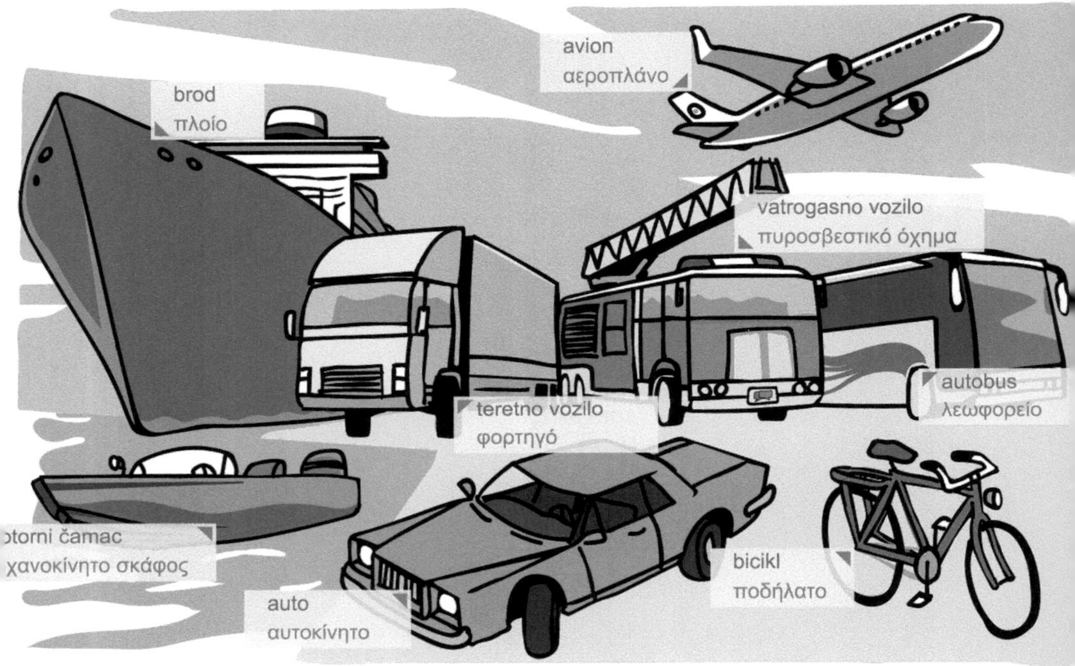
avion
αεροπλάνο
brod
πλοίο
vatrogasno vozilo
πυροσβεστικό όχημα
autobus
λεωφορείο
teretno vozilo
φορτηγό
otorni čamac
χανοκίνητο σκάφος
bicikl
ποδήλατο
auto
αυτοκίνητο

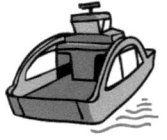

trajekt

φεριμπότ

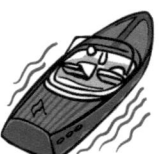

čamac

βάρκα

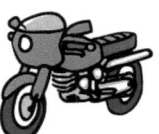

motocikl

μοτοσικλέτα

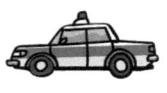

policijski auto

περιπολικό

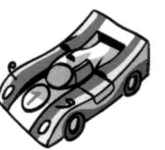

trkaći auto

αγωνιστικό αυτοκίνητο

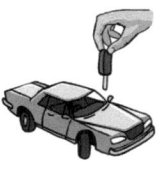

iznajmljeno auto

ενοικιαζόμενο αυτοκίνητο

delenje automobila

διαμοιρασμός αυτοκινήτων

vučno vozilo

γερανός

vozilo za odvoz smeća

απορριμματοφόρο

motor

κινητήρας

benzin

καύσιμο

benzinska stanica

βενζινάδικο

saobraćajni znak

πινακίδα σήμανσης

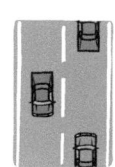

saobraćaj

κυκλοφορία

zastoj

κυκλοφοριακή συμφόρηση

parkiralište

χώρος στάθμευσης

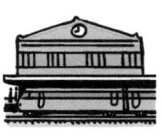

železnička stanica

σιδηροδρομικός σταθμός

šine

σιδηροδρομικές γραμμές

voz

τρένο

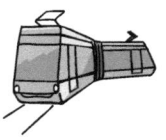

tramvaj

τραμ

vagon

βαγόνι

helikopter
ελικόπτερο

aerodrom
αεροδρόμιο

kula
πύργος

putnik
επιβάτης

kontejner
εμπορευματοκιβώτιο

karton
χαρτοκιβώτιο

kolica
καρότσι

korpa
καλάθι

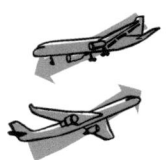

uzleteti / sleteti
απογειώνομαι /
προσγειόνομαι

grad
πόλη

selo
χωριό

centar grada
κέντρο της πόλης

kuća
σπίτι

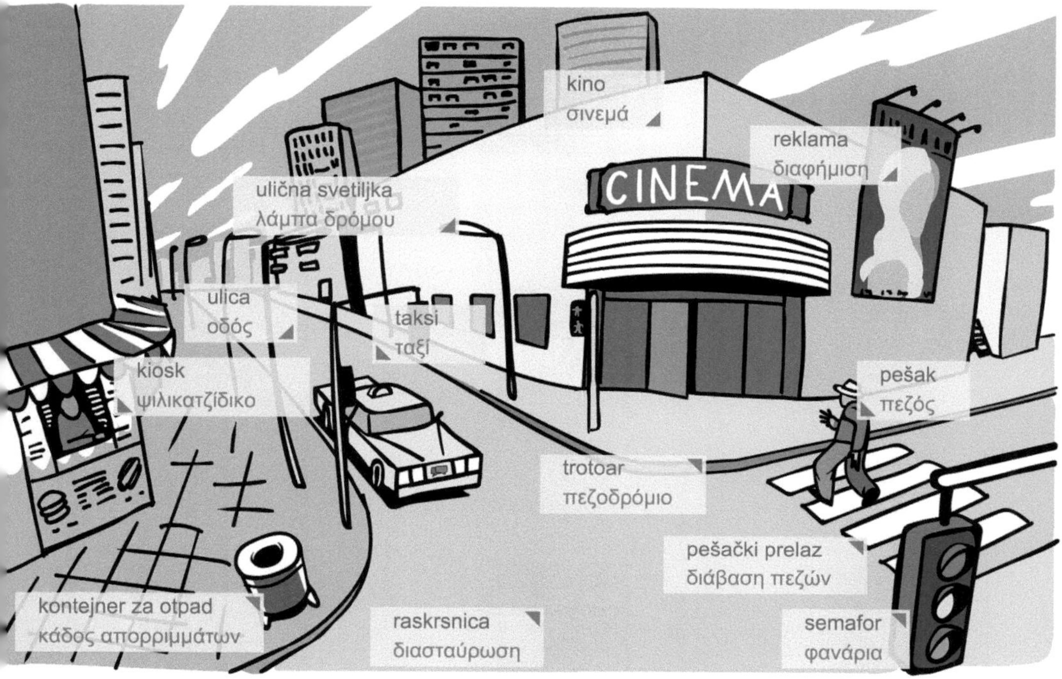
kino
σινεμά
reklama
διαφήμιση
CINEMA
ulična svetiljka
λάμπα δρόμου
ulica
οδός
taksi
ταξί
kiosk
ψιλικατζίδικο
pešak
πεζός
trotoar
πεζοδρόμιο
pešački prelaz
διάβαση πεζών
kontejner za otpad
κάδος απορριμμάτων
raskrsnica
διασταύρωση
semafor
φανάρια

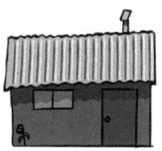

koliba
καλύβα

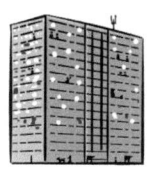

stan
διαμέρισμα

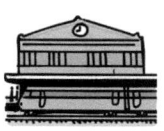

železnička stanica
σιδηροδρομικός σταθμός

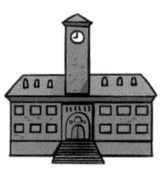

većnica
δημαρχείο

MUSEUM
muzej
μουσείο

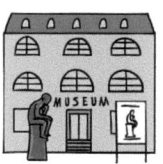

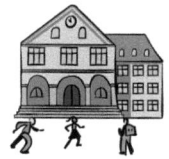

škola
σχολείο

univerzitet

πανεπιστήμιο

banka

τράπεζα

bolnica

νοσοκομείο

hotel

ξενοδοχείο

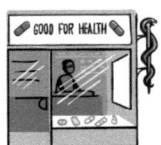

apoteka

φαρμακείο

kancelarija

γραφείο

knjižara

βιβλιοπωλείο

prodavnica

κατάστημα

cvećara

ανθοπωλείο

supermarket

σούπερ μάρκετ

trg

αγορά

robna kuća

πολυκατάστημα

ribarnica

ιχθυοπωλείο

trgovački centar

εμπορικό κέντρο

luka

λιμάνι

park

πάρκο

klupa

παγκάκι

most

γέφυρα

stepenice

σκάλες

podzemna železnica

μετρό

tunel

τούνελ

autobuska stanica

στάση λεωφορείου

bar

μπαρ

restoran

εστιατόριο

poštansko sanduče

γραμματοκιβώτιο

ulični znak

πινακίδα δρόμου

parkirni automat

παρκόμετρο

zoološki vrt

ζωολογικός κήπος

bazen

πισίνα

džamija

τζαμί

seosko gazdinstvo

αγρόκτημα

zagađenje okoline

ρύπανση

groblje

νεκροταφείο

crkva

εκκλησία

igralište

παιδική χαρά

hram

ναός

pejsaž

τοπίο

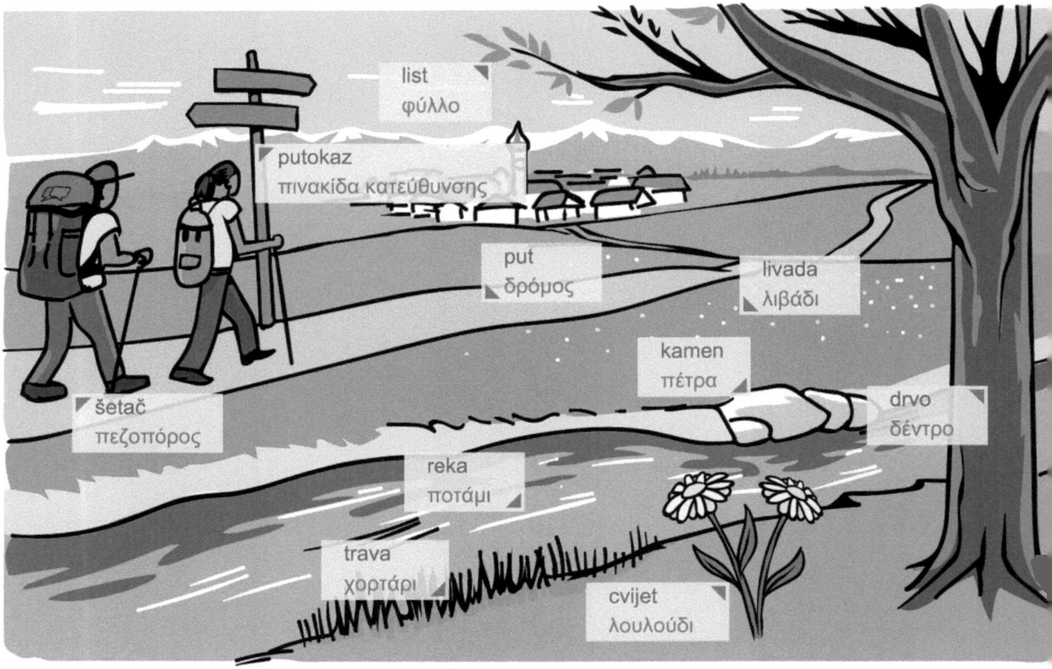

list
φύλλο

putokaz
πινακίδα κατεύθυνσης

put
δρόμος

livada
λιβάδι

kamen
πέτρα

drvo
δέντρο

šetač
πεζοπόρος

reka
ποτάμι

trava
χορτάρι

cvijet
λουλούδι

dolina

κοιλάδα

planina

λόφος

jezero

λίμνη

šuma

δάσος

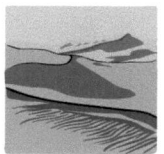

pustinja

έρημος

vulkan

ηφαίστειο

dvorac

κάστρο

duga

ουράνιο τόξο

gljiva

μανιτάρι

palma

φοίνικας

moskito

κουνούπι

muva

μύγα

mrav

μυρμήγκι

pčela

μέλισσα

pauk

αράχνη

buba

σκαθάρι

žaba

βάτραχος

veverica

σκίουρος

jež

σκαντζόχοιρος

zec

λαγός

sova

κουκουβάγια

ptica

πουλί

labud

κύκνος

divlja svinja

αγριογούρουνο

jelen

ελάφι

los

άλκη

nasip

φράγμα

vetrenjača

ανεμογεννήτρια

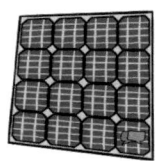

solarna ploča

ηλιακός συλλέκτης

klima

κλίμα

restoran
εστιατόριο

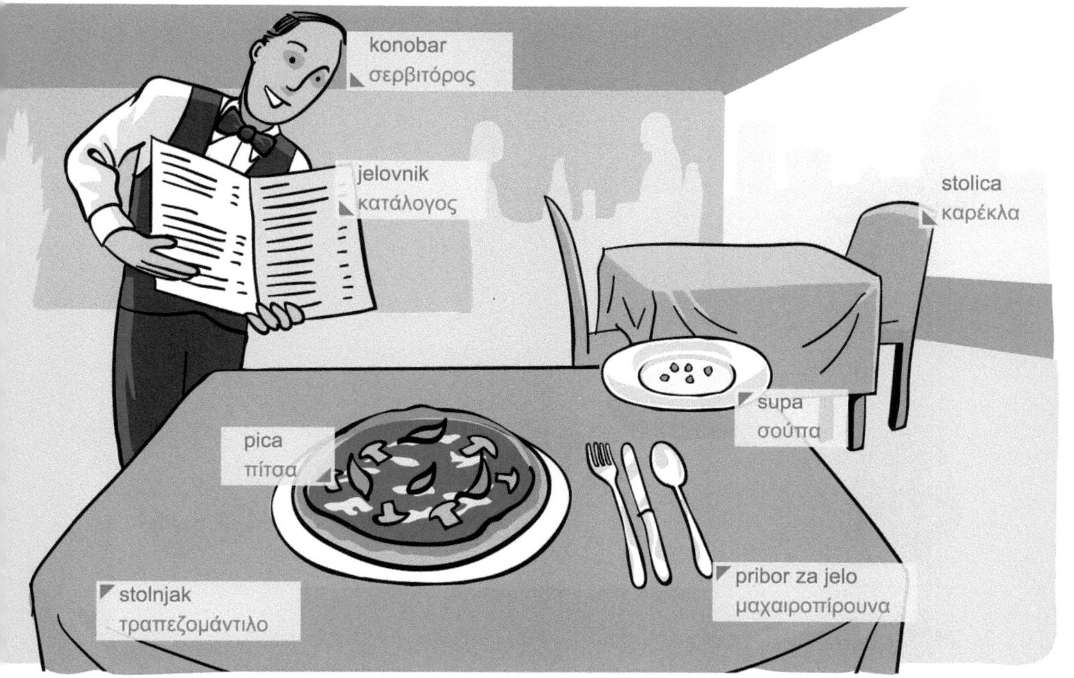
konobar
σερβιτόρος
jelovnik
κατάλογος
stolica
καρέκλα
supa
σούπα
pica
πίτσα
pribor za jelo
μαχαιροπίρουνα
stolnjak
τραπεζομάντιλο

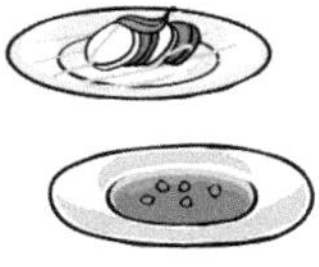

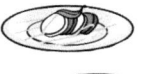

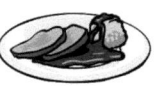

predjelo
ορεκτικό

glavno jelo
κύριο πιάτο

desert
επιδόρπιο

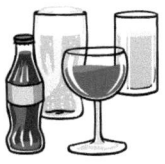

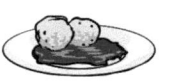

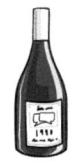

napitci
ποτά

jelo
φαγητό

flaša
μπουκάλι

brza hrana

φαστ φουντ

imbis hrana

φαγητό στ' όρθιο

čajnik

τσαγιέρα

doza za šećer

δοχείο ζάχαρης

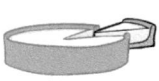

porcija

μερίδα

aparat za espresso

μηχανή εσπρέσο

visoka stolica

ψηλή καρέκλα

račun

λογαριασμός

poslužavnik

δίσκος

nož

μαχαίρι

viljuška

πιρούνι

kašika

κουτάλι

čajna kašika

κουταλάκι του τσαγιού

salveta

πετσέτα φαγητού

čaša

ποτήρι

restoran - εστιατόριο

tanjir

πιάτο

tanjir za supu

πιάτο σούπας

tanjirić

πιατάκι φλιτζανιού

sos

σάλτσα

soljenka

αλατιέρα

mlin za biber

μύλος για πιπέρι

sirće

ξύδι

ulje

λάδι

začini

μπαχαρικά

kečap

κέτσαπ

senf

μουστάρδα

majoneza

μαγιονέζα

supermarket

σούπερ μάρκετ

ponuda
προσφορά
FOR
kupac
πελάτης
mlečni proizvodi
γαλακτοκομικά προϊόντα
voće
φρούτα
kolica za kupovinu
καρότσι για ψώνια

BUTCHERS

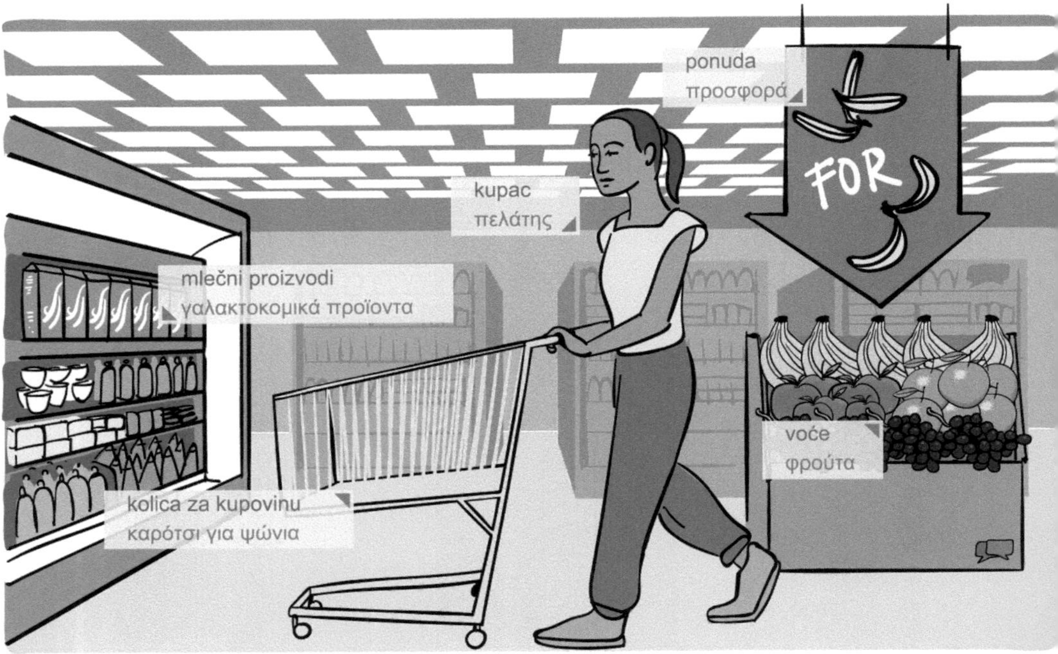

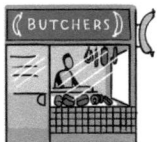

mesnica

κρεοπωλείο

BAKERY

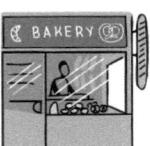

pekara

φούρνος

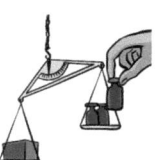

vagati

ζυγίζω

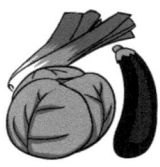

povrće

λαχανικά

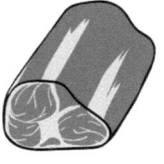

meso

κρέας

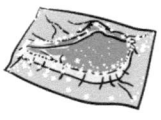

smrznuta hrana

κατεψυγμένα τρόφιμα

narezak

αλλαντικά

konzerve

κονσερβοποιημένη τροφή

sredstvo za pranje

απορρυπαντικό ρούχων

slatkiši

γλυκά

artikli za domaćinstvo

οικιακά είδη

sredstva za čišćenje

καθαριστικά προϊόντα

prodavačica

πωλήτρια

blagajna

ταμείο

blagajnik

ταμίας

lista za kupovinu

λίστα για ψώνια

vreme rada

ωράριο λειτουργίας

novčanik

πορτοφόλι

kreditna kartica

πιστωτική κάρτα

torba

τσάντα

plastična kesa

πλαστική σακούλα

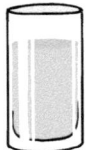

voda

νερό

sok

χυμός

mleko

γάλα

kola

κόκα κόλα

vino

κρασί

pivo

μπίρα

alkohol

αλκοόλ

kakao

κακάο

čaj

τσάι

kava

καφές

espresso

εσπρέσο

cappuccino

καπουτσίνο

banana

μπανάνα

jabuka

μήλο

narandža

πορτοκάλι

lubenica

πεπόνι

limun

λεμόνι

šargarepa

καρότο

beli luk

σκόρδο

bambus

μπαμπού

luk

κρεμμύδι

gljiva

μανιτάρι

orašasti plodovi

ξηροί καρποί

rezanci

νουντλς

špagete

μακαρόνια

riža

ρύζι

salata

σαλάτα

pomfrit

πατατάκια

pečeni krumpir

τηγανητές πατάτες

pica

πίτσα

hamburger

χάμπουργκερ

sendvič

σάντουιτς

šnicla

κοτολέτα

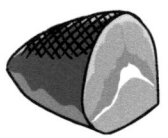

šunka

ζαμπόν

salama

σαλάμι

kobasica

λουκάνικο

kokoš

κοτόπουλο

pečenje

ψητό

riba

ψάρι

zobene pahuljice

χυλός βρώμης

musli

μούσλι

kukuruzne pahuljice

κορν φλέικς

brašno

αλεύρι

kroasan

κρουασάν

pecivo

ψωμάκι

hleb

ψωμί

toast

τοστ

keksi

μπισκότα

maslac

βούτυρο

sveži sir

τυρόπηγμα

kolač

κέικ

jaje

αυγό

jaje na oko

τηγανητό αυγό

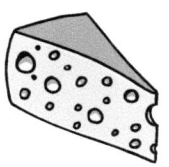

sir

τυρί

jelo - φαγητό

sladoled

παγωτό

šećer

ζάχαρη

med

μέλι

marmelada

μαρμελάδα

nugat krema

άλλειμμα σοκολάτας

kari

κάρυ

seosko gazdinstvo
αγρόκτημα

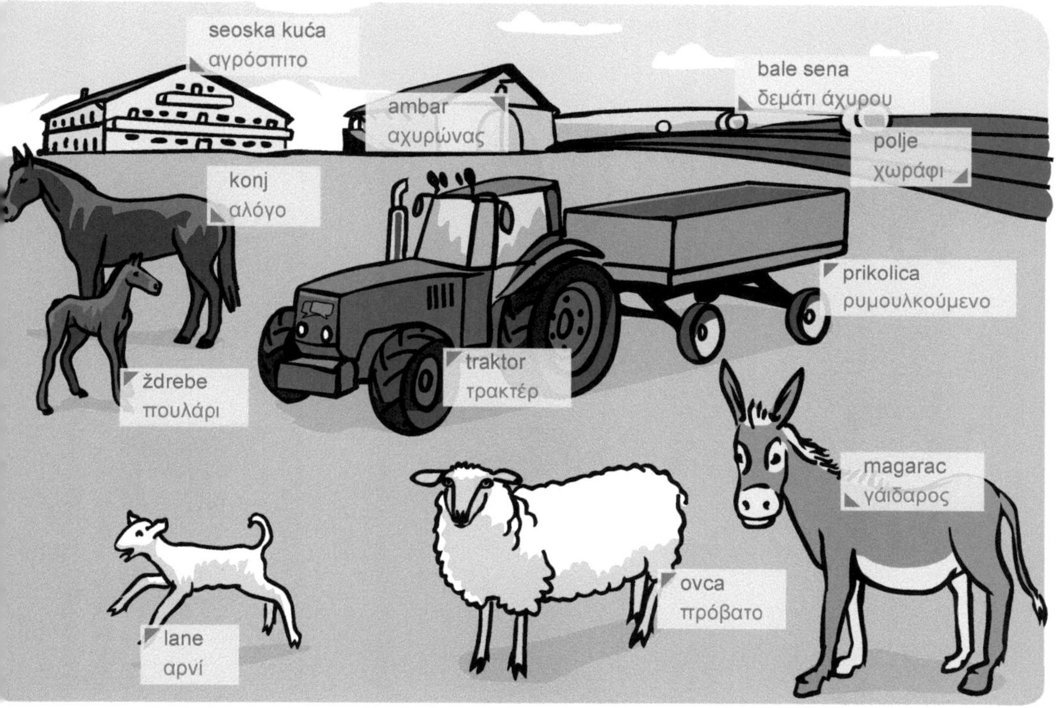

seoska kuća
αγρόσπιτο
ambar
αχυρώνας
bale sena
δεμάτι άχυρου
polje
χωράφι
konj
αλόγο
prikolica
ρυμουλκούμενο
traktor
τρακτέρ
ždrebe
πουλάρι
magarac
γάιδαρος
ovca
πρόβατο
lane
αρνί

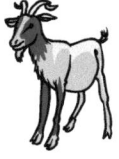

koza
....
κατσίκα

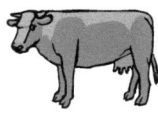

krava
....
αγελάδα

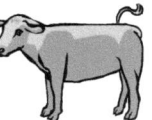

tele
....
μοσχαράκι

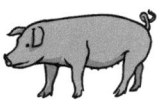

svinja
....
γουρούνι

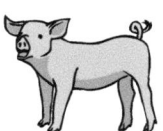

prase
....
γουρουνάκι

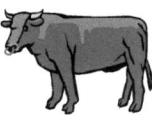

bik
....
ταύρος

guska

χήνα

patka

πάπια

pilići

κοτοπουλάκι

kokoš

κότα

petao

κόκορας

pacov

αρουραίος

mačka

γάτα

miš

ποντίκι

vol

βόδι

pas

σκύλος

kućica za psa

σπιτάκι σκύλου

vrtno crevo

λάστιχο κήπου

kanta za polivanje

ποτιστήρι

kosa

θεριστήρι

plug

αλέτρι

srp

δρεπάνι

motika

τσάπα

viljuška za đubrivo

δίκρανο

sekira

τσεκούρι

tačke

χειράμαξα

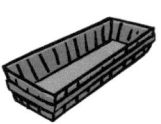

korito

ταΐστρα

posuda za mleko

δοχείο γάλακτος

vreća

σάκος

ograda

φράχτης

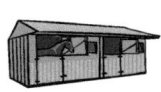

štala

στάβλος

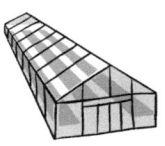

staklenik

θερμοκήπιο

zemlja

έδαφος

seme

σπόρος

đubrivo

λίπασμα

kombajn

θεριζοαλωνιστική μηχανή

žeti

θερίζω

žetva

συγκομιδή

jams začin

γιαμς

pšenica

σιτάρι

soja

σόγια

krumpir

πατάτα

kukuruz

καλαμπόκι

uljana repica

κράμβη

voćka

οπωροφόρο δέντρο

gomolj manioke

μανιόκα

žitarice

δημητριακά

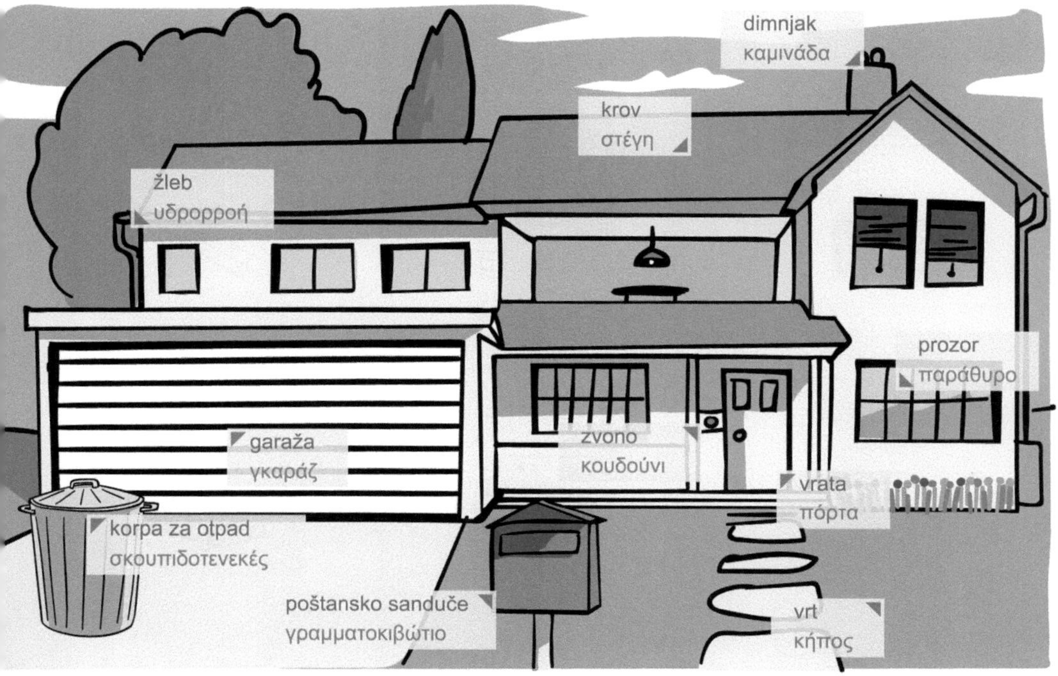

dimnjak
καμινάδα

krov
στέγη

žleb
υδρορροή

prozor
παράθυρο

garaža
γκαράζ

zvono
κουδούνι

vrata
πόρτα

korpa za otpad
σκουπιδοτενεκές

poštansko sanduče
γραμματοκιβώτιο

vrt
κήπος

dnevna soba
σαλόνι

kupaonica
μπάνιο

kuhinja
κουζίνα

spavaća soba
υπνοδωμάτιο

dečija soba
παιδικό δωμάτιο

trpezarija
τραπεζαρία

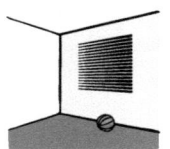

pod

πάτωμα

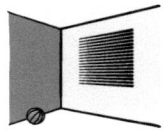

zid

τοίχος

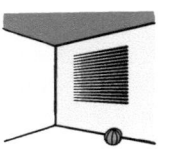

strop

οροφή

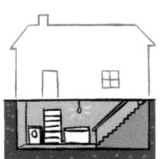

podrum

κελάρι

sauna

σάουνα

balkon

μπαλκόνι

terasa

βεράντα

bazen

πισίνα

kosilica za travu

μηχανή του γκαζόν

posteljina za krevet

σεντόνι

deka za krevet

κάλυμμα κρεβατιού

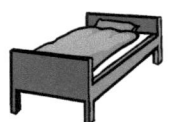

krevet

κρεβάτι

metla

σκούπα

kanta

κουβάς

prekidač

διακόπτης

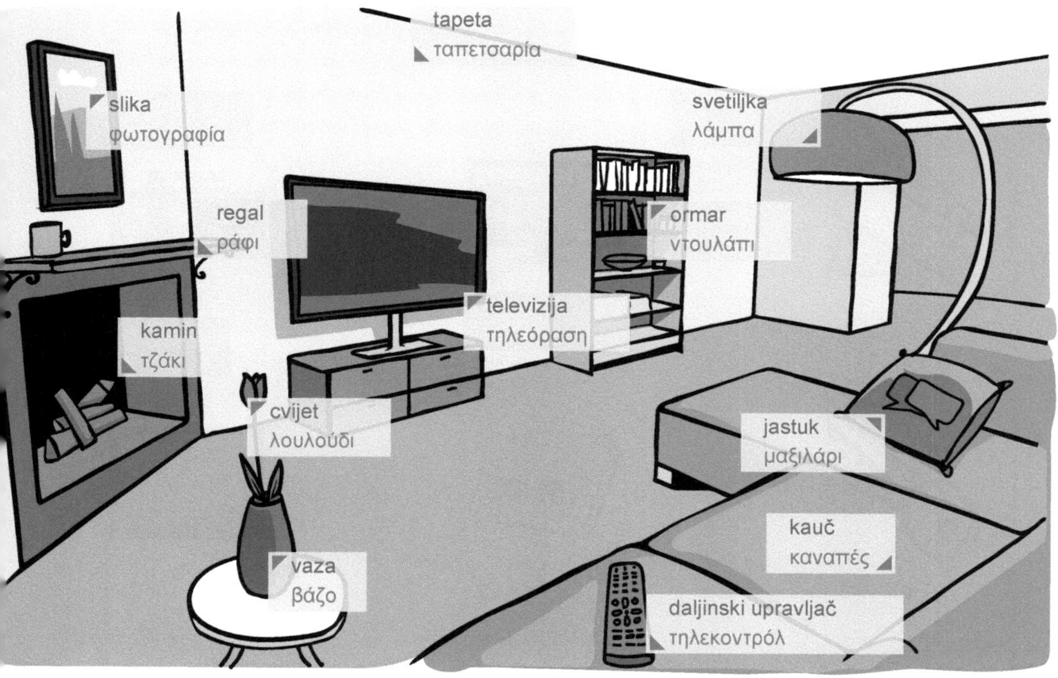

tapeta
ταπετσαρία

slika
φωτογραφία

svetiljka
λάμπα

regal
ράφι

ormar
ντουλάπι

kamin
τζάκι

televizija
τηλεόραση

cvijet
λουλούδι

jastuk
μαξιλάρι

kauč
καναπές

vaza
βάζο

daljinski upravljač
τηλεκοντρόλ

tepih

χαλί

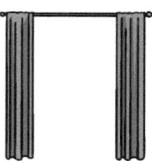

zavesa

κουρτίνα

sto

τραπέζι

stolica

καρέκλα

stolica za njihanje

κουνιστή πολυθρόνα

fotelja

πολυθρόνα

knjiga

βιβλίο

deka

κουβέρτα

dekoracija

διακόσμηση

drvo za ogrev

καυσόξυλα

film

ταινία

hi-fi uređaj

στερεοφωνικό σύστημα

ključ

κλειδί

novine

εφημερίδα

slika na platnu

πίνακας ζωγραφικής

poster

αφίσα

radio

ραδιόφωνο

blok za pisanje

σημειωματάριο

usisivač

ηλεκτρική σκούπα

kaktus

κάκτος

sveća

κερί

kuhinja
κουζίνα

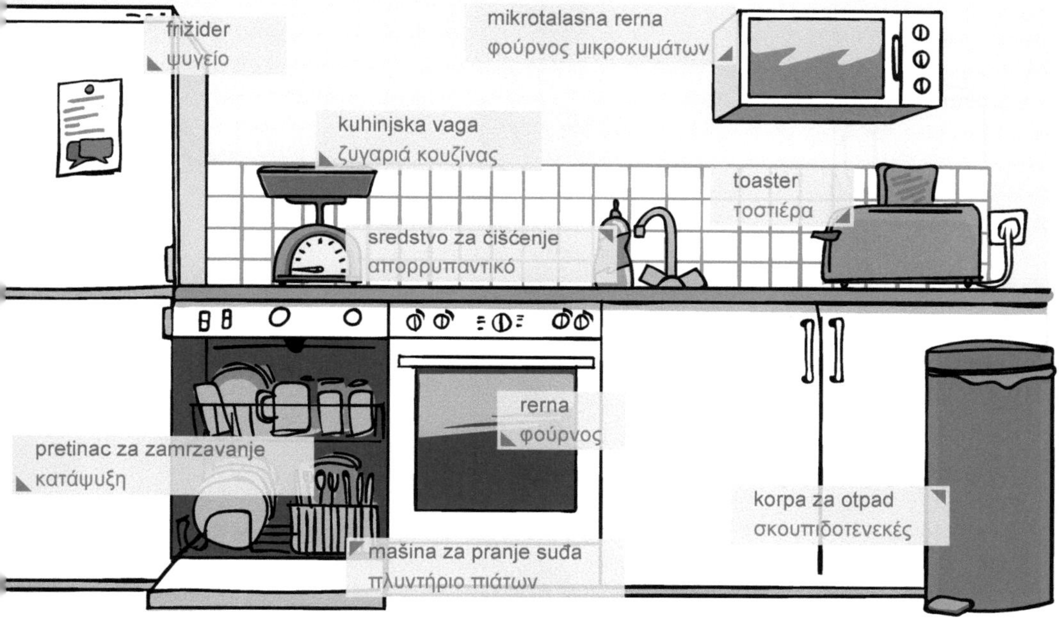

frižider
ψυγείο
mikrotalasna rerna
φούρνος μικροκυμάτων
kuhinjska vaga
ζυγαριά κουζίνας
toaster
τοστιέρα
sredstvo za čišćenje
απορρυπαντικό
rerna
φούρνος
pretinac za zamrzavanje
κατάψυξη
korpa za otpad
σκουπιδοτενεκές
mašina za pranje suđa
πλυντήριο πιάτων

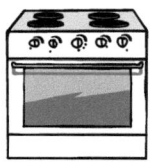

šporet

κουζίνα

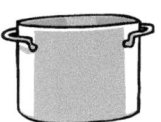

lonac

κατσαρόλα

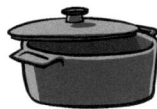

gvozdeni lonac

μαντεμένια κατσαρόλα

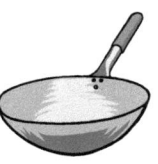

wok / kadai

γουόκ/καντάι

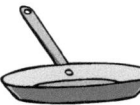

tava

τηγάνι

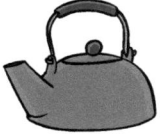

kuvalo za vodu

βραστήρας

kuvalo na paru

ατμομάγειρας

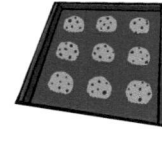

lim za pečenje

ταψί

posuđe

πιατικά

čaša

κούπα

posuda

μπολ

štapići za jelo

ξυλάκια

kutlača

κουτάλα

lopatica

σπάτουλα

penjača

ανακατεύω

sito za kuvanje

σουρωτήρι

sito

σουρωτηράκι

ribež

τρίφτης

mužar

γουδί

roštilj

ψησταριά

ognjište

ανοιχτή φωτιά

daska

σανίδα κοπής

oklagija

πλάστης

vadičep

ανοιχτήρι φελλών

konzerva

κονσέρβα

otvarač konzervi

ανοιχτήρι κονσέρβας

krpa za lonac

γάντι φούρνου

sudoper

νεροχύτης

četka

βούρτσα

sunđer

σφουγγάρι

mikser

μπλέντερ

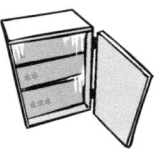

zamrzivač

καταψύκτης

flašica za bebe

μπιμπερό

slavina za vodu

βρύση

kupaonica
μπάνιο

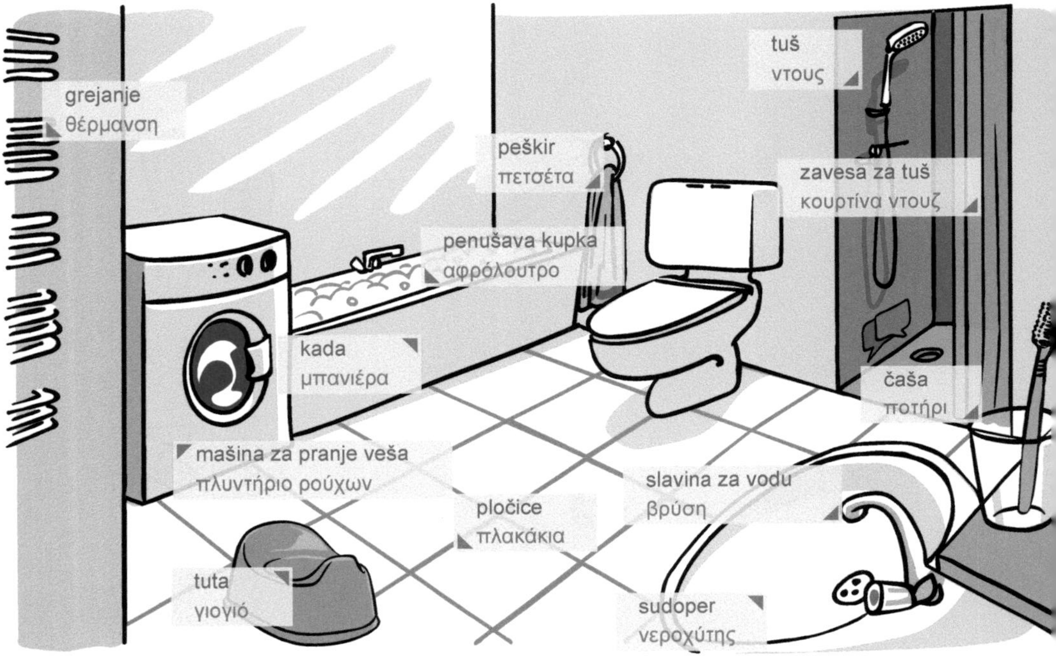

grejanje
θέρμανση
peškir
πετσέτα
tuš
ντους
zavesa za tuš
κουρτίνα ντουζ
penušava kupka
αφρόλουτρο
kada
μπανιέρα
čaša
ποτήρι
mašina za pranje veša
πλυντήριο ρούχων
slavina za vodu
βρύση
pločice
πλακάκια
tuta
γιογιό
sudoper
νεροχύτης

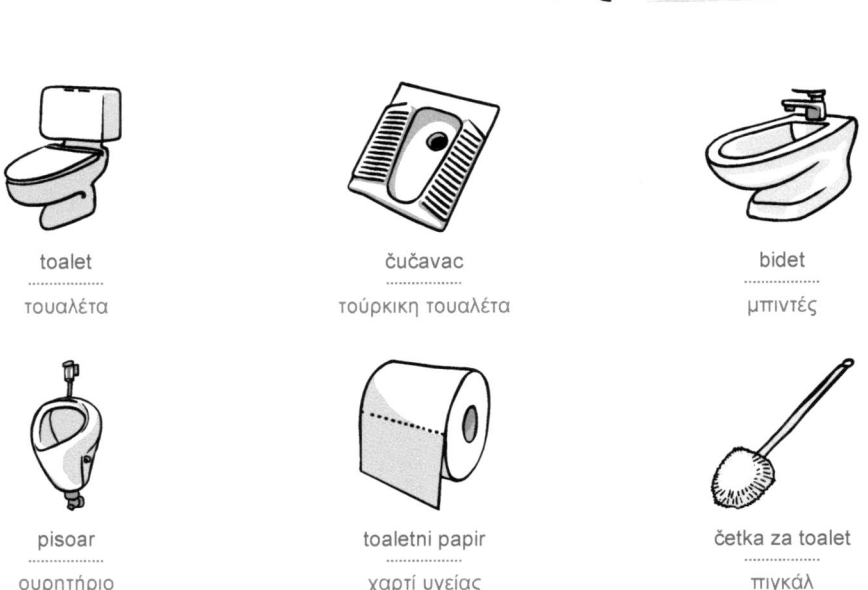

toalet
τουαλέτα

čučavac
τούρκικη τουαλέτα

bidet
μπιντές

pisoar
ουρητήριο

toaletni papir
χαρτί υγείας

četka za toalet
πιγκάλ

četkica za zube

οδοντόβουρτσα

pasta za zube

οδοντόκρεμα

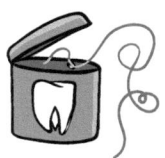

konac za zube

οδοντικό νήμα

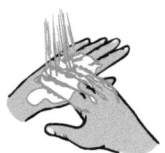

prati

πλένω

tuš ručica

τηλέφωνο ντους

tuš za pranje intimnih delova

ντουσιέρα

lavor

λεκάνη

četka za pranje leđa

βούρτσα πλάτης

sapun

σαπούνι

gel za tuširanje

αφρόλουτρο

šampon

σαμπουάν

krpa za pranje

φανέλα

odvod

σιφόνι

krema

κρέμα

dezodorans

αποσμητικό

ogledalo

καθρέφτης

kozmetičko ogledalo

καθρέφτης χειρός

brijač

ξυραφάκι

pena za brijanje

αφρός ξυρίσματος

losion za posle brijanja

αφτερσέιβ

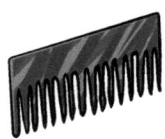

češalj

χτένα

četka

βούρτσα

fen za kosu

σεσουάρ

sprej za kosu

λακ

makeup

μακιγιάζ

ruž za usne

κραγιόν

lak za nokte

βερνίκι νυχιών

vata

βαμβάκι

makaze za nokte

ψαλίδι νυχιών

parfem

άρωμα

kozmetička torbica

νεσεσέρ

stolica

σκαμπό

vaga

ζυγαριά

ogrtač

μπουρνούζι

rukavice za čišćenje

ελαστικά γάντια

tampon

ταμπόν

uložak

πετσέτα υγιεινής

hemijski toalet

χημική τουαλέτα

dečija soba
παιδικό δωμάτιο

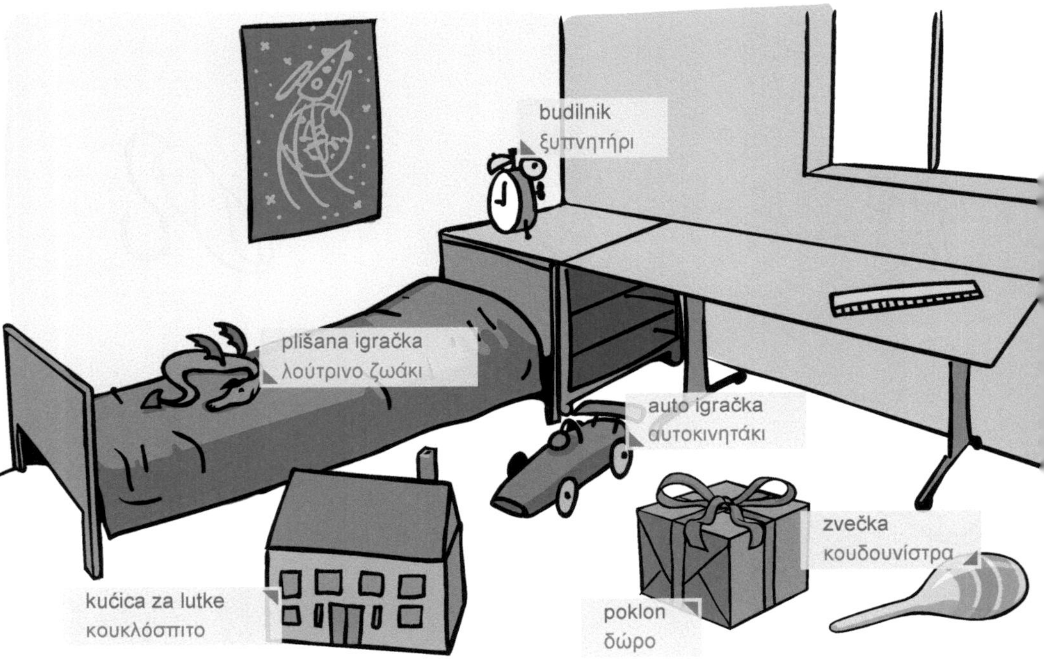
budilnik
ξυπνητήρι
plišana igračka
λούτρινο ζωάκι
auto igračka
αυτοκινητάκι
zvečka
κουδουνίστρα
kućica za lutke
κουκλόσπιτο
poklon
δώρο

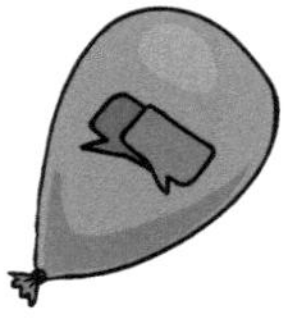

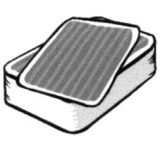

balon

μπαλόνι

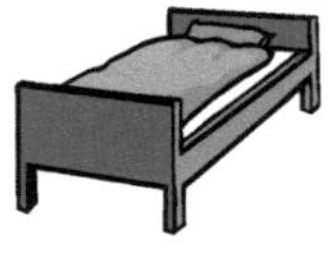

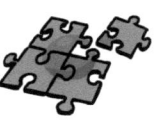

krevet

κρεβάτι

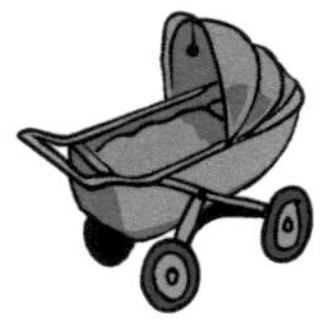

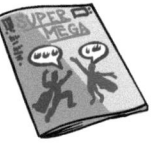

dječija kolica

καροτσάκι

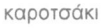

igra s kartama

τράπουλα

slagalica

παζλ

SUPER
MEGA

strip

κόμικς

lego kockice

τουβλάκια lego

kockice za slaganje

τουβλάκια κατασκευών

akcioni junak

φιγούρα δράσης

benkica za bebe

βρεφικό φορμάκι

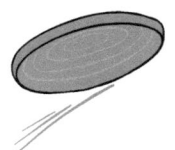

frizbi

φρίσμπι

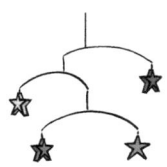

viseće igračke

μόμπιλο

društvene igre

επιτραπέζιο παιχνίδι

kocka

ζάρια

minijaturna željeznica

σετ τρενάκι

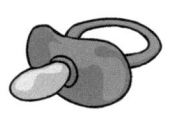

duda

πιπίλα

zabava

πάρτι

slikovnica

εικονογραφημένο βιβλίο

lopta

μπάλα

lutka

κούκλα

igrati

παίζω

pješčanik

σκάμμα με άμμο

ljuljačka

κούνια

igračka

παιχνίδια

konzola za igre

κονσόλα βιντεοπαιχνιδιών

tricikl

τρίκυκλο

tedi

αρκουδάκι

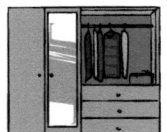

ormar

ντουλάπα

odeća

ρούχα

kratke čarape

κάλτσες

čarape

καλτσοδέτες

hulahopke

καλσόν

šal
κασκόλ

kišobran
ομπρέλα

majica
μπλουζάκι

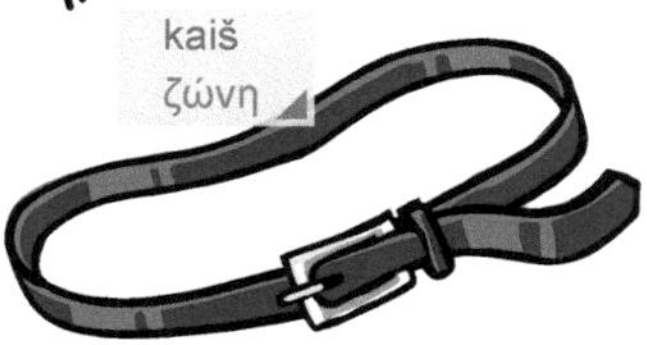

kaiš
ζώνη

čizme
μπότες

papuče
παντόφλες

patike
αθλητικά παπούτσια

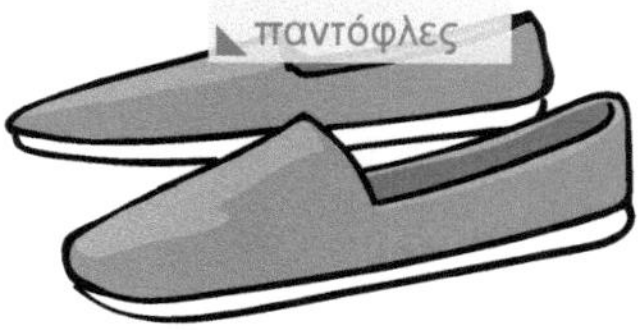

sandale
σανδάλια

cipele
παπούτσια

gumene čizme
γαλότσες

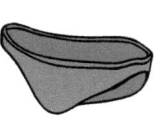

gaćice
εσώρουχο

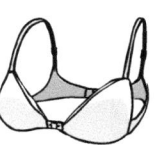

grudnjak
σουτιέν

potkošulja
φανέλα

bodi
σώμα

pantalone
παντελόνι

farmerke
τζιν παντελόνι

suknja
φούστα

bluza
μπλούζα

košulja
πουκάμισο

džemper
πουλόβερ

džemper s kapuljačom
πουλόβερ

sako
σακάκι

jakna
μπουφάν

kaput
παλτό

kabanica
αδιάβροχο πανωφόρι

kostim
κοστούμι

haljina
φόρεμα

venčanica
νυφικό

odelo
κοστούμι

spavaćica
νυχτικό

pidžama
πιτζάμες

sari
σάρι

marama za glavu
μαντήλι

turban
τουρμπάνι

burka
μπούρκα

kaftan
καφτάνι

abaja
μουσουλμανικό ένδυμα

kupaći kostim
ολόσωμο μαγιό

kupaće gaćice
ανδρικό μαγιό

kratke pantalone
σορτς

odeća za trening
αθλητική φόρμα

kecelja
ποδιά

rukavice
γάντια

dugme

κουμπί

naočare

γυαλιά

narukvica

βραχιόλι

ogrlica

περιδέραιο

prsten

δαχτυλίδι

naušnica

σκουλαρίκι

kapa

καπέλο

vešalica

κρεμάστρα

šešir

καπέλο

kravata

γραβάτα

patent zatvarač

φερμουάρ

kaciga

κράνος

naramenice

τιράντες

školska uniforma

μαθητική στολή

uniforma

στολή

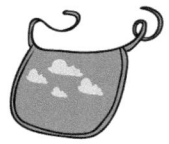

podbradak

σαλιάρα

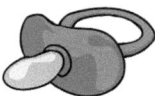

duda

πιπίλα

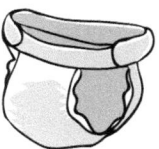

pelena

πάνα

kancelarija
γραφείο

server
σέρβερ
ormar za spise
αρχειοθήκη
štampač
εκτυπωτής
papir
χαρτί
monitor
οθόνη
pisaći stol
γραφείο
miš
ποντίκι
mapa
ντοσιέ
tastatura
πληκτρολόγιο
stolica
καρέκλα
košara za papir
καλάθι αχρήστων
kompjuter
υπολογιστής

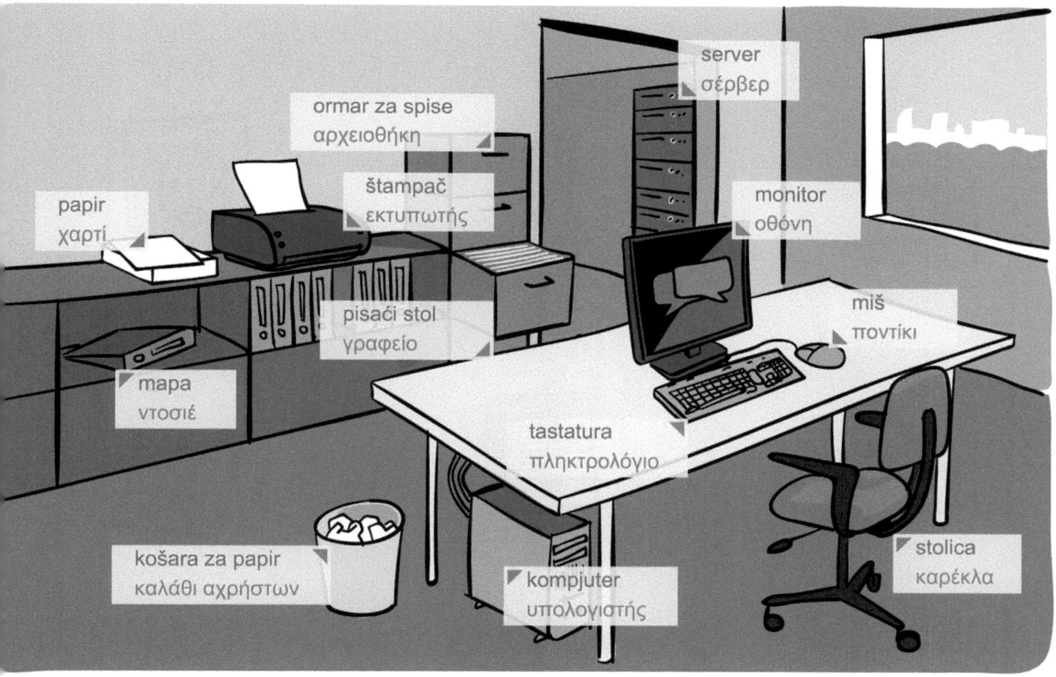

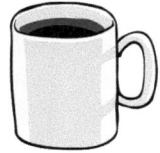

šalica za kavu

κούπα του καφέ

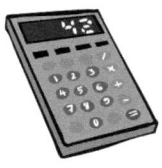

kalkulator

κομπιουτεράκι

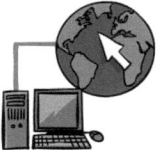

internet

ίντερνετ

laptop
λάπτοπ

pismo
γράμμα

poruka
μήνυμα

mobilni telefon
κινητό

mreža
δίκτυο

uređaj za kopiranje
φωτοτυπικό μηχάνημα

softver
λογισμικό

telefon
τηλέφωνο

utičnica
πρίζα

faks
συσκευή φαξ

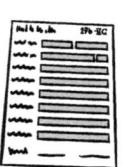

formular
έντυπο

dokument
έγγραφο

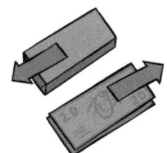

kupovati

αγοράζω

platiti

πληρώνω

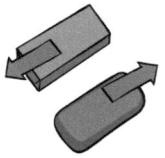

trgovati

συναλλάσσομαι

novac

χρήματα

 **USD**

dolar

δολάριο

 **EUR**

evro

ευρώ

JPY

jen

γιεν

RUB

rublja

ρούβλι

CHF

švajcarski franak

ελβετικό φράγκο

CNY

renmindbi juan

ρενμίνμπι γιουάν

INR

rupija

ρουπία

automat za novac

ATM (αυτόματη ταμειακή μηχανή)

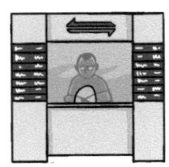

menjačnica

ανταλλακτήρια.
συναλλάγματος

zlato

χρυσός

srebro

ασήμι

nafta

πετρέλαιο

energija

ενέργεια

cena

τιμή

ugovor

συμβόλαιο

porez

φόρος

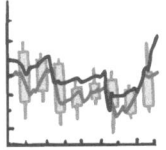

deonica

μετοχή

raditi

δουλεύω

službenik

υπάλληλος

poslodavac

εργοδότης

fabrika

εργοστάσιο

prodavnica

κατάστημα

policajac
αστυνόμος

vatrogasac
πυροσβέστης

kuvar
μάγειρας

lekar
γιατρός

pilot
πιλότος

vrtlar

κηπουρός

stolar

ξυλουργός

krojačica

μοδίστρα

sudija

δικαστής

hemičar

χημικός

glumac

ηθοποιός

vozač autobusa

οδηγός λεωφορείου

vozač taksija

ταξιτζής

ribar

ψαράς

čistačica

καθαρίστρια

krovopokrivač

τεχνίτης στεγών

konobar

σερβιτόρος

lovac

κυνηγός

slikar

ζωγράφος

pekar

αρτοποιός

električar

ηλεκτρολόγος

građevinski radnik

οικοδόμος

inženjer

μηχανολόγος

mesar

κρεοπώλης

limar

υδραυλικός

poštar

ταχυδρόμος

vojnik

στρατιώτης

arhitekta

αρχιτέκτονας

blagajnik

ταμίας

cvećar

ανθοπώλης

frizer

κομμωτής

kondukter

ελεγκτής εισιτηρίων

mehaničar

μηχανικός

kapetan

καπετάνιος

zubar

οδοντίατρος

naučnik

επιστήμονας

rabi

ραβίνος

imam

ιμάμης

monah

μοναχός

svećenik

ιερέας

čekić
σφυρί

klešta
πένσα

odvijač
κατσαβίδι

džepna lampa
φακός

ključ za zavrtnje
Γαλλικό κλειδί

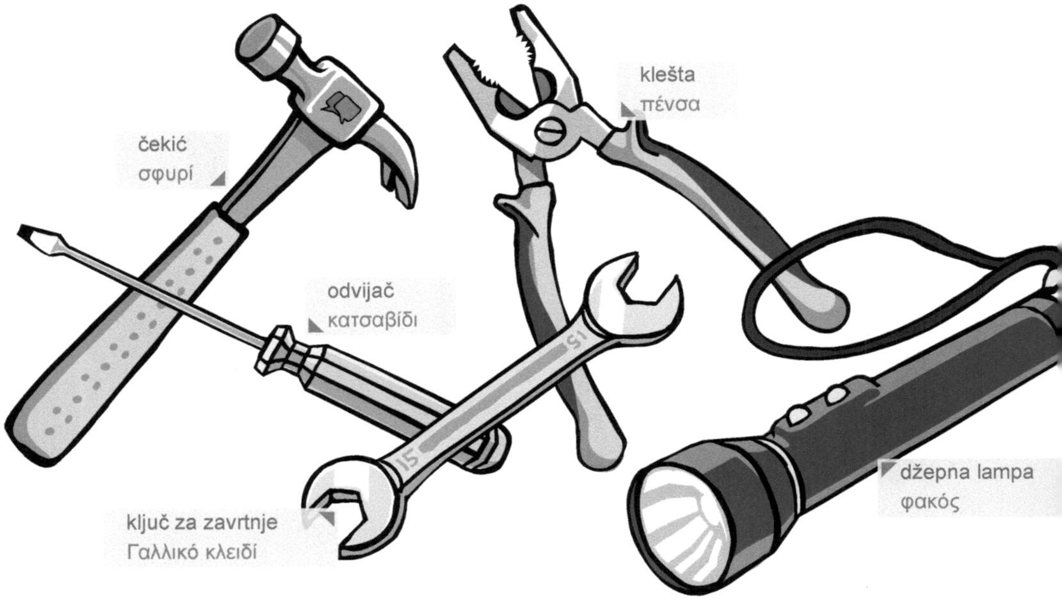

bager

εκσκαφέας

kutija za alat

εργαλειοθήκη

merdevine

σκάλα

pila

πριόνι

ekser

καρφιά

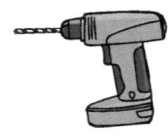

bušilica

τρυπάνι

popraviti

επισκευάζω

lopata

φτυάρι

do đavola!

Να πάρει!

lopatica

φαράσι

lonac za boju

δοχείο χρωμάτων

zavrtanji

βίδες

muzički instrument
μουσικά όργανα

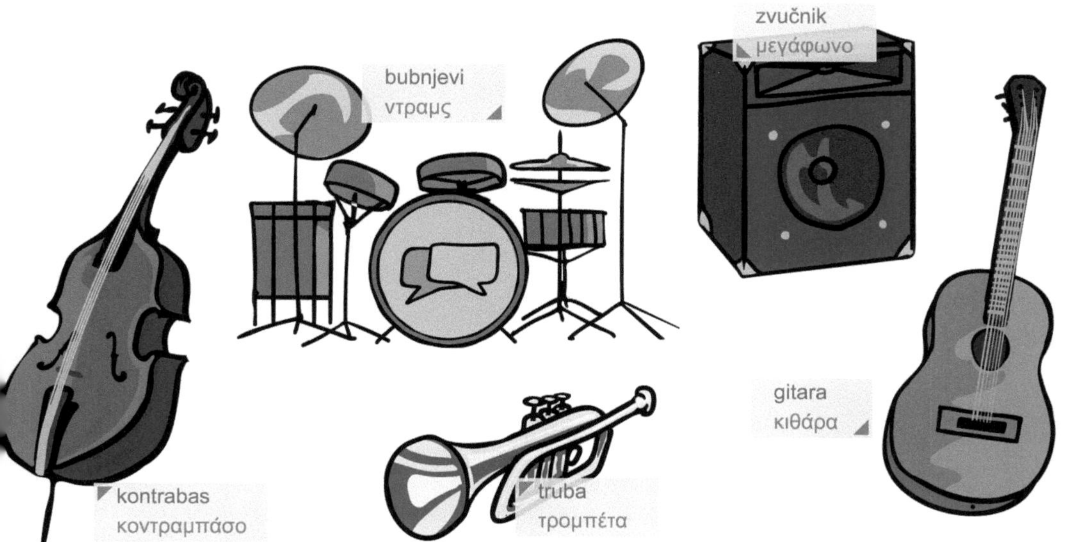

zvučnik
μεγάφωνο

bubnjevi
ντραμς

gitara
κιθάρα

kontrabas
κοντραμπάσο

truba
τρομπέτα

klavir

πιάνο

violina

βιολί

bas

μπάσο

timpani

τύμπανα

udaraljke za bubnjeve

τύμπανο

tipke klavira

πλήκτρα

saksofon

σαξόφωνο

flauta

φλάουτο

mikrofon

μικρόφωνο

muzički instrument - μουσικά όργανα

zoološki vrt
ζωολογικός κήπος

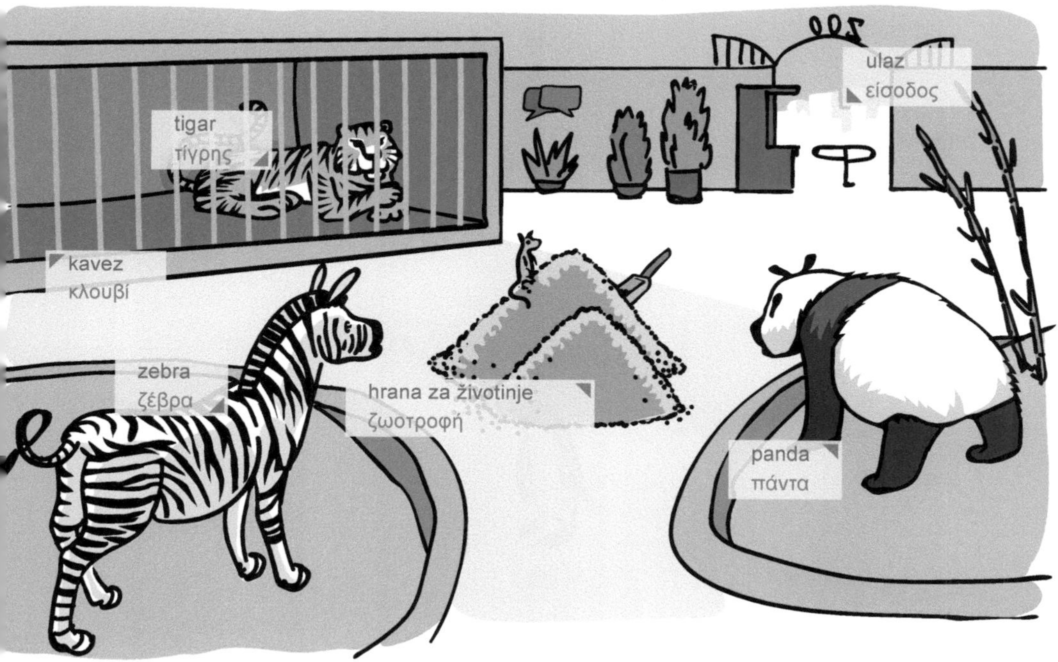
ulaz
είσοδος
tigar
τίγρης
kavez
κλουβί
zebra
ζέβρα
hrana za životinje
ζωοτροφή
panda
πάντα

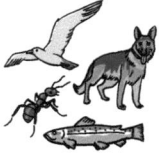

životinje

ζώα

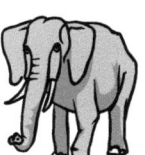

slon

ελέφαντας

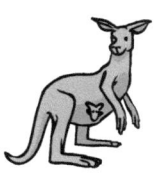

kengur

καγκουρό

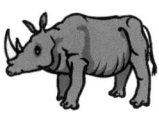

nosorog

ρινόκερος

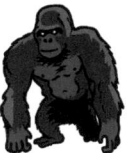

gorila

γορίλας

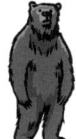

medved

αρκούδα

kamila

καμήλα

noj

στρουθοκάμηλος

lav

λιοντάρι

majmun

πίθηκος

flamingo

φλαμίνγκο

papagaj

παπαγάλος

polarni medved

πολική αρκούδα

pingvin

πιγκουίνος

ajkula

καρχαρίας

paun

παγώνι

zmija

φίδι

krokodil

κροκόδειλος

čuvar u zoološkom vrtu

φύλακας ζωολογικού κήπου

tuljan

φώκια

jaguar

τζάγκουαρ

poni

πόνυ

leopard

λεοπάρδαλη

nilski konj

ιπποπόταμος

žirafa

καμηλοπάρδαλη

orao

αετός

divlja svinja

αγριογούρουνο

riba

ψάρι

kornjača

χελώνα

morž

θαλάσσιος ίππος

lisica

αλεπού

gazela

γαζέλα

americki nogomet
Αμερικάνικο ποδόσφαιρο

biciklizam
ποδηλασία

tenis
αντισφαίριση

košarka
μπάσκετ

plivanje
κολύμβηση

boks
πυγχαμία

hokej na ledu
χόκεϋ επί πάγου

fudbal

ποδόσφαιρο

badminton

μπάντμιντον

atletika

στίβος

rukomet

χάντμπολ

skijanje

σκι

polo

πόλο

aktivnosti
δραστηριότητες

smejati se
γελάω
skočiti
πηδάω
zagrliti
αγκαλιάζω
ići
περπατάω
pevati
τραγουδάω
sanjati
ονειρεύομαι
moliti se
προσεύχομαι
poljubiti
φιλάω

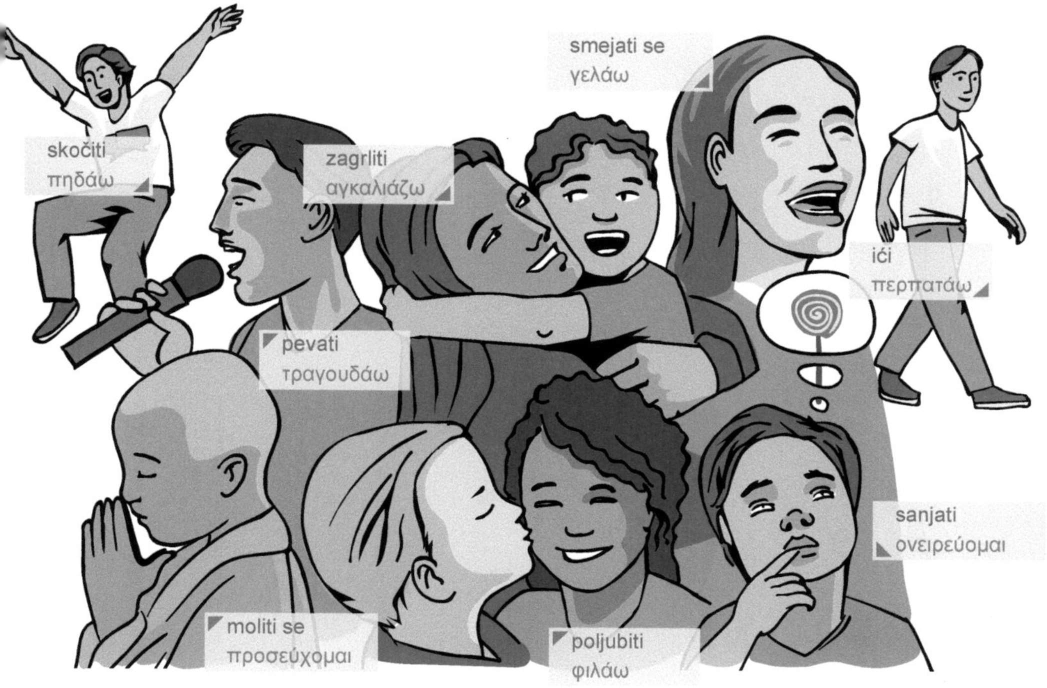

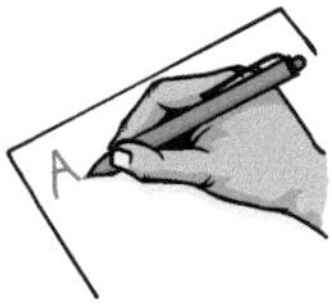

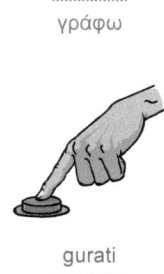

pisati
γράφω

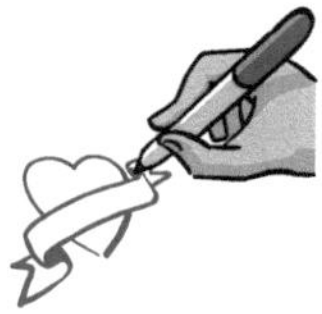

crtati
σχεδιάζω

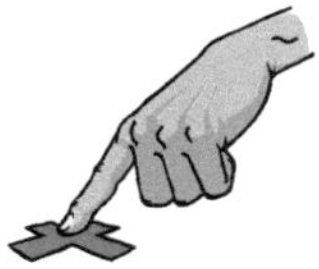

pokazati
δείχνω

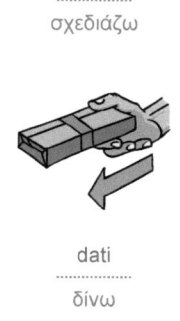

gurati
πιέζω

dati
δίνω

uzeti
παίρνω

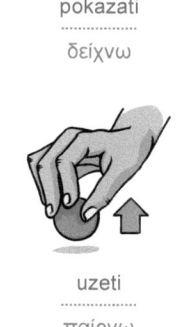

imati

έχω

činiti

κάνω

biti

είμαι

stojati

στέκομαι

trčati

τρέχω

povlačiti

τραβάω

baciti

ρίχνω

padati

πέφτω

ležati

ξαπλώνω

čekati

περιμένω

nositi

κουβαλώ

sediti

κάθομαι

oblačiti

φοράω

spavati

κοιμάμαι

probuditi se

ξυπνάω

gledati

κοιτάω

plakati

κλαίω

milovati

χαϊδεύω

češljati

χτενίζω

govoriti

μιλάω

razumeti

καταλαβαίνω

pitati

ρωτάω

slušati

ακούω

piti

πίνω

jesti

τρώω

pospremiti

συγυρίζω

voleti

αγαπάω

kuhati

μαγειρεύω

voziti

οδηγώ

leteti

πετάω

aktivnosti - δραστηριότητες

ploviti

κάνω ιστιοπλοΐα

računati

υπολογίζω

čitati

διαβάζω

učiti

μαθαίνω

raditi

δουλεύω

venčati se

παντρεύομαι

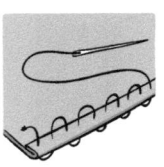

šiti

ράβω

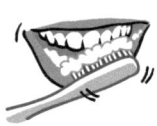

prati zube

βουρτσίζω τα δόντια

ubiti

σκοτώνω

pušiti

καπνίζω

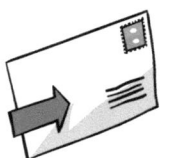

poslati

στέλνω

porodica
οικογένεια

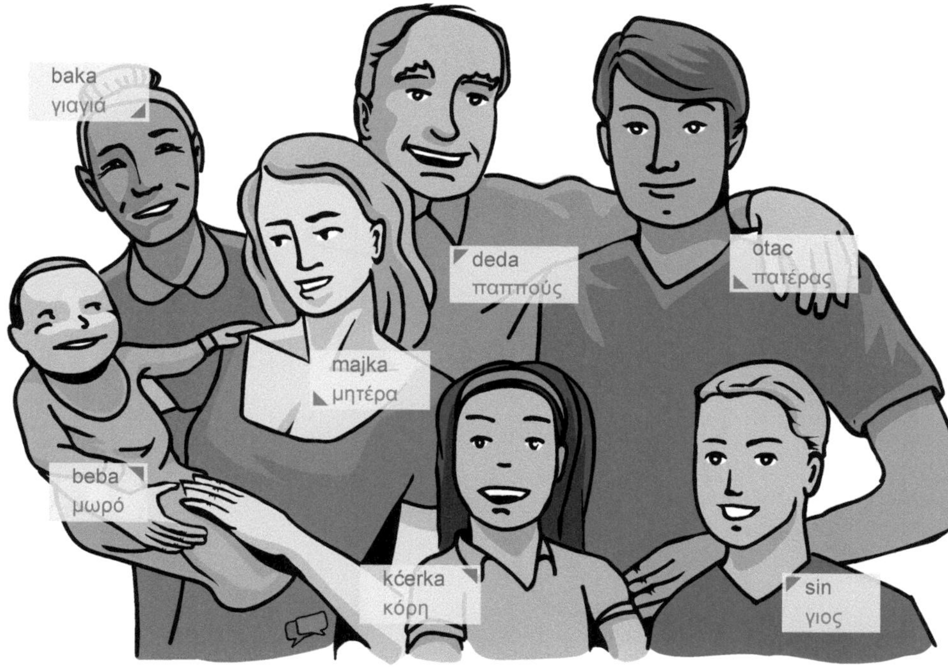
baka
γιαγιά
deda
παππούς
otac
πατέρας
majka
μητέρα
beba
μωρό
kćerka
κόρη
sin
γιος

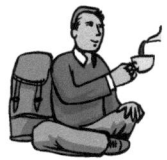

gost

καλεσμένος

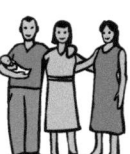

tetka

θεία

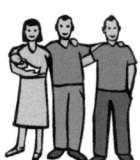

ujak, stric

θείος

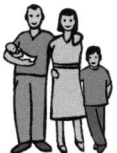

brat

αδελφός

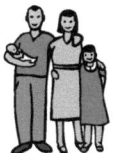

sestra

αδελφή

telo

σώμα

čelo
μέτωπο
oko
μάτι
rame
ώμος
prst
δάχτυλο
lice
πρόσωπο
brada
πιγούνι
ruka
χέρι
noga
πόδι
grudi
στήθος
ruka
βραχίονας

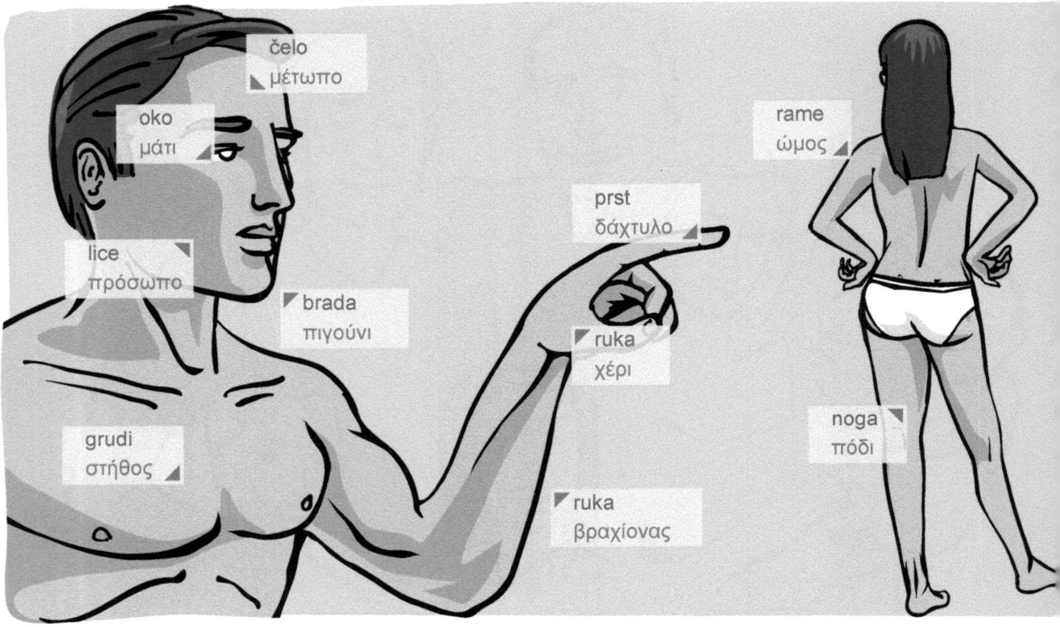

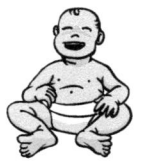

beba

μωρό

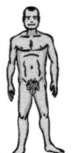

muškarac

άνδρας

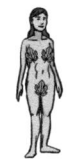

žena

γυναίκα

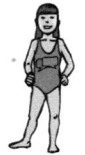

devojčica

κορίτσι

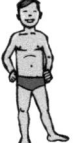

dečak

αγόρι

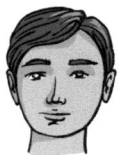

glava

κεφάλι

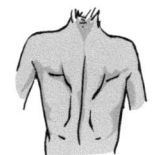

leđa

πλάτη

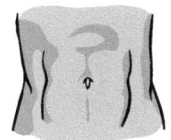

stomak

κοιλιά

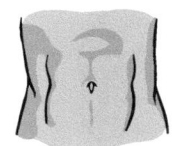

pupak

αφαλός

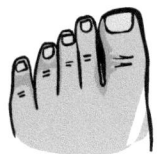

nožni prst

δάχτυλο ποδιού

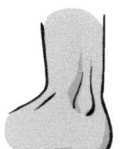

peta

φτέρνα

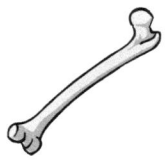

kost

κόκκαλο

kukovi

γοφός

koleno

γόνατο

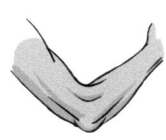

lakat

αγκώνας

nos

μύτη

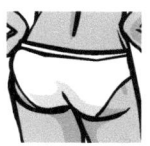

zadnjica

γλουτός

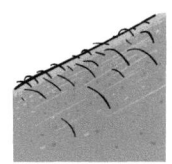

koža

δέρμα

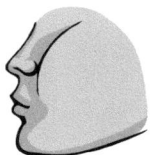

obraz

μάγουλο

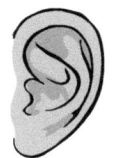

uvo

αυτί

usna

χείλος

usta
στόμα

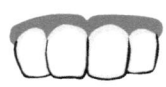

zub
δόντι

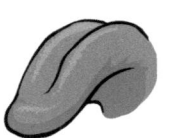

jezik
γλώσσα

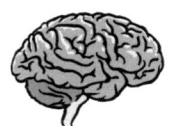

mozak
εγκέφαλος

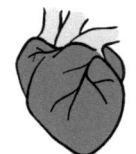

srce
καρδιά

mišić
μυς

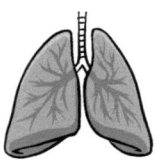

pluća
πνεύμονας

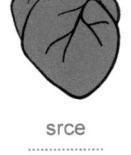

jetra
συκώτι

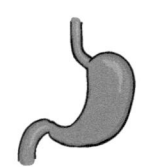

želudac
στομάχι

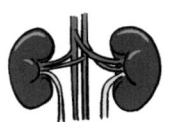

bubrezi
νεφρά

polni odnos
σεξουαλική επαφή

kondom
προφυλακτικό

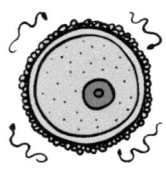

jajna ćelija
ωάριο

sperma
σπέρμα

trudnoća
εγκυμοσύνη

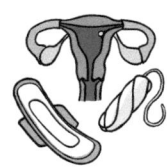

menstruacija

περίοδος

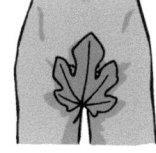

vagina

γυναικείος κόλπος

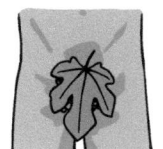

penis

πέος

obrva

φρύδι

kosa

μαλλιά

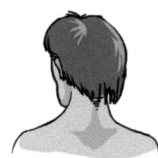

vrat

λαιμός

bolnica
νοσοκομείο

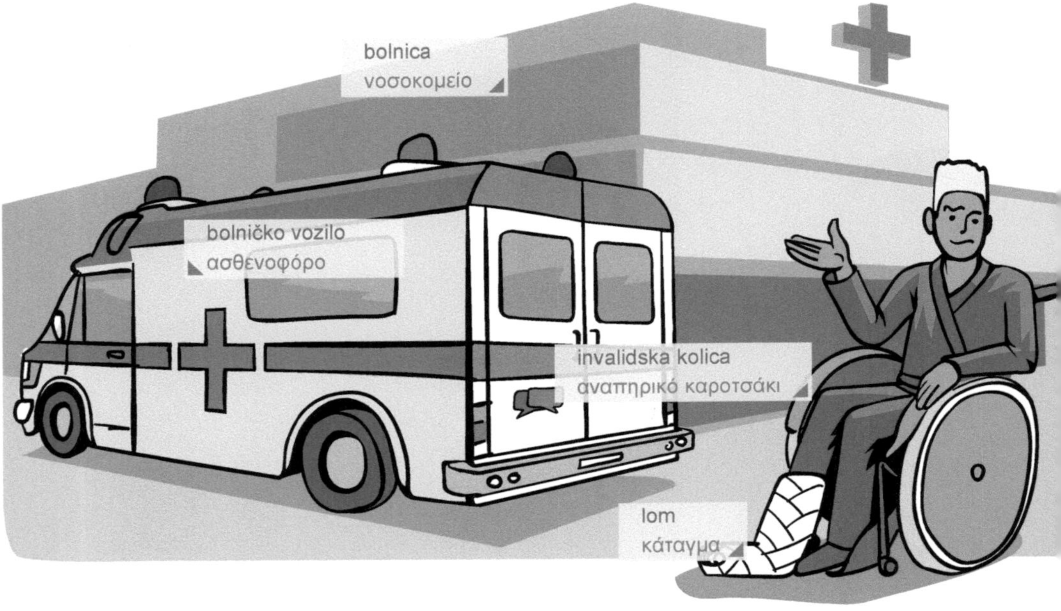

bolnica
νοσοκομείο
bolničko vozilo
ασθενοφόρο
invalidska kolica
αναπηρικό καροτσάκι
lom
κάταγμα

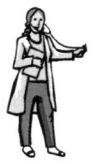

lekar

γιατρός

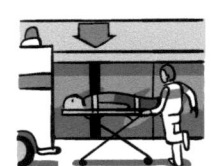

hitna medicinska služba

μονάδα εντατικής θεραπείας

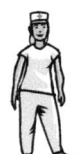

medicinska sestra

νοσοκόμα

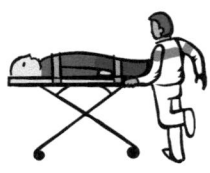

hitni slučaj

έκτακτη ανάγκη

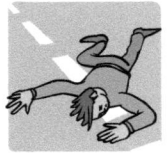

nesvest

λιπόθυμος

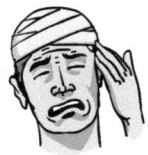

bol

πόνος

povreda

τραύμα

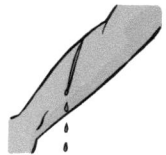

krvarenje

αιμορραγία

srčani udar

έμφραγμα

udar

εγκεφαλικό

alergija

αλλεργία

kašalj

βήχας

groznica

πυρετός

gripa

γρίπη

proliv

διάρροια

glavobolja

πονοκέφαλος

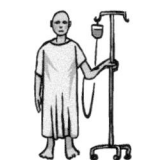

rak

καρκίνος

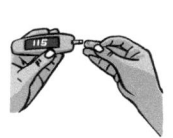

dijabetes

διαβήτης

hirurg

χειρουργός

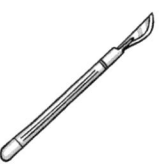

skalpel

νυστέρι

operacija

εγχείρηση

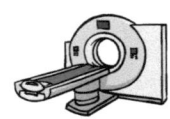

ct

αξονική τομογραφία

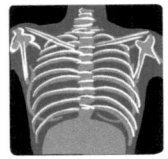

rentgen

ακτινογραφία

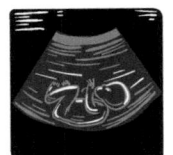

ultrazvuk

υπέρηχος

maska

μάσκα

bolest

ασθένεια

čekaona

αίθουσα αναμονής

štaka

πατερίτσα

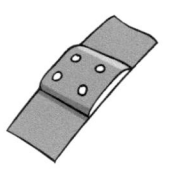

flaster

χάνσαπλαστ

zavoj

επίδεσμος

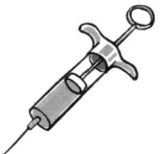

injekcija

ένεση

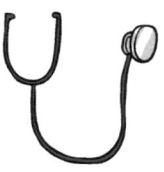

stetoskop

στηθοσκόπιο

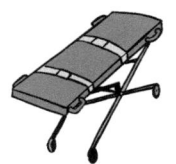

nosila

φορείο

termometar

θερμόμετρο

rođenje

γέννηση

prekomerna težina

υπέρβαρο

slušni aparat

ακουστικό βαρηκοΐας

sredstvo za dezinfekciju

αντισηπτικό

infekcija

λοίμωξη

virus

ιός

HIV / AIDS

HIV/AIDS

medicina

φάρμακο

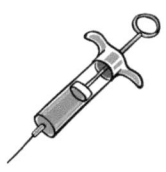

vakcinacija

εμβολιασμός

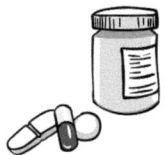

tablete

δισκία

pilula

χάπι

hitni poziv

κλήση έκτακτης ανάγκης

uređaj za merenje pritiska

πιεσόμετρο αίματος

bolesno / zdravo

άρρωστος / υγιής

pomoć!
Βοήθεια!

alarm
συναγερμός

nasrtaj
βιαιοπραγία

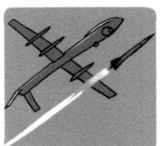

napad
επίθεση

opasnost
κίνδυνος

izlaz u slučaju nužde
έξοδος κινδύνου

požar!
Φωτιά!

protivpožarni aparat
πυροσβεστήρας

nezgoda
ατύχημα

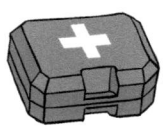

kutija prve pomoći
κουτί πρώτων βοηθειών

sos
SOS

policija
αστυνομία

Evropa

Ευρώπη

Severna Amerika

Βόρεια Αμερική

Južna Amerika

Νότια Αμερική

Afrika

Αφρική

Azija

Ασία

Australija

Αυστραλία

Atlantik

Ατλαντικός Ωκεανός

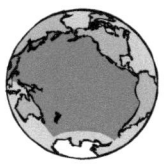

Pacifik

Ειρηνικός Ωκεανός

Indijski okean

Ινδικός Ωκεανός

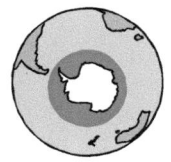

Antarktički okean

Ανταρκτικός Ωκεανός

Arktički ocean

Αρκτικός Ωκεανός

Severni pol

Βόρειος Πόλος

Južni pol

Νότιος Πόλος

Antarktik

Ανταρκτική

zemlja

Γη

zemlja

γη

more

θάλασσα

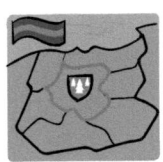

otok

νησί

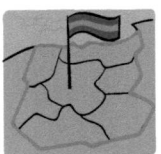

nacija

έθνος

država

πολιτεία

78   zemlja - Γη

brojčanik sata

καντράν ρολογιού

satna kazaljka

ωροδείκτης

minutna kazaljka

λεπτοδείκτης

sekundna kazaljka

δείκτης δευτερολέπτων

Koliko je sati?

Τι ώρα είναι;

dan

ημέρα

vreme

χρόνος

sada

τώρα

digitalni sat

ψηφιακό ρολόι

minuta

λεπτό

čas

ώρα

ponedeljak
Δευτέρα

MO

sreda
Τετάρτη

W

petak
Παρασκευή

FR

TU

TH

utorak
Τρίτη

subota
Σάββατο

SA

SO

četvrtak
Πέμπτη

nedelja
Κυριακή

juče
χθες

danas
σήμερα

sutra
αύριο

jutro
πρωί

podne
μεσημέρι

veče
βράδυ

radni dani
εργάσιμες ημέρες

vikend
Σαββατοκύριακο

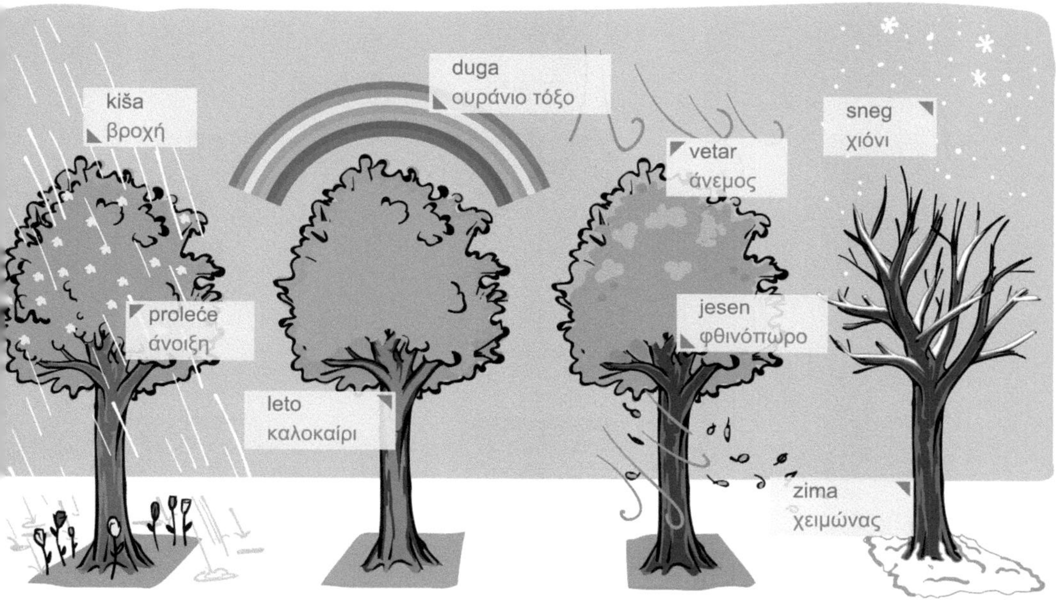

kiša
βροχή
duga
ουράνιο τόξο
vetar
άνεμος
sneg
χιόνι
proleće
άνοιξη
jesen
φθινόπωρο
leto
καλοκαίρι
zima
χειμώνας

4.APRIL 11°
5.APRIL 4°
6.APRIL 13°
7.APRIL 8°
8.APRIL 10°

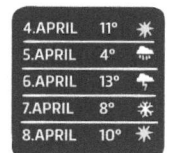

meteorološka prognoza

πρόγνωση καιρού

F C
120 90 60 30 0 -30
40 30 20 10 0 -10 -20

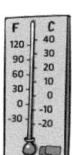

termometar

θερμόμετρο

sunčana svetlost

λιακάδα

oblak

σύννεφο

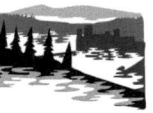

magla

ομίχλη

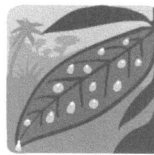

vlažnost vazduha

υγρασία

munja

αστραπή

grmljavina

κεραυνός

oluja

καταιγίδα

tuča

χαλάζι

monsun

μουσώνας

poplava

πλημμύρα

led

πάγος

januar

Ιανουάριος

februar

Φεβρουάριος

mart

Μάρτιος

april

Απρίλιος

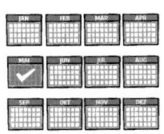

maj

Μάιος

juni

Ιούνιος

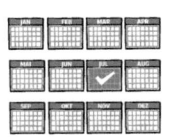

juli

Ιούλιος

avgust

Αύγουστος

godina - έτος

septembar

Σεπτέμβριος

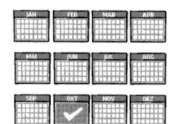

oktobar

Οκτώβριος

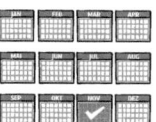

novembar

Νοέμβριος

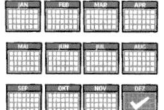

decembar

Δεκέμβριος

oblici
σχήματα

krug

κύκλος

kvadrat

τετράγωνο

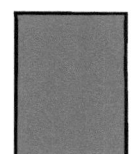

pravougao

ορθογώνιο
παραλληλόγραμμο

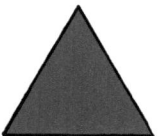

trougao

τρίγωνο

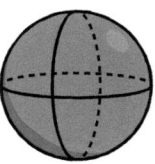

kugla

σφαίρα

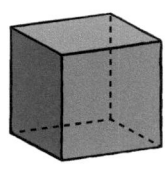

kocka

κύβος

bela

άσπρο

žuta

κίτρινο

narandžasta

πορτοκαλί

ružičasta

ροζ

crvena

κόκκινο

ljubičasta

μωβ

plava

μπλε

zelena

πράσινο

smeđa

καφέ

siva

γκρι

crna

μαύρο

mnogo / malo

πολύ / λίγο

ljutito / mirno

θυμωμένος / ήρεμος

lepo / ružno

όμορφος / άσχημος

početak / kraj

αρχή / τέλος

veliko / maleno

μεγάλος / μικρός

svetlo / tamno

φωτεινός / σκοτεινός

brat / sestra

αδελφός / αδελφή

čisto / prljavo

καθαρός / λερωμένος

potpuno / nepotpuno

πλήρης / ατελής

dan / noć

ημέρα / νύχτα

mrtvo / živo

νεκρός / ζωντανός

široko / usko

φαρδύς / στενός

jestivo / nejestivo

βρώσιμος / μη βρώσιμος

zlo / dobro

κακός / ευγενικός

uzbuđeno / dosadno

ενθουσιασμένος /
βαριεστημένος

debelo / mršavo

παχύς / λεπτός

na početku / na kraju

πρώτος / τελευταίος

prijatelj / neprijatelj

φίλος / εχθρός

puno / prazno

γεμάτος / άδειος

tvrdo / mekano

σκληρός / μαλακός

teško / lagano

βαρύς / ελαφρύς

glad / žeđ

πείνα / δίψα

bolesno / zdravo

άρρωστος / υγιής

ilegalno / legalno

παράνομος / νόμιμος

pametno / glupo

έξυπνος / χαζός

levo / desno

αριστερός / δεξιός

blizu / daleko

κοντινός / μακρινός

novo / polovno

καινούριος / μεταχειρισμένος

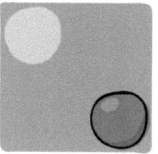

ništa / nešto

τίποτα / κάτι

staro / mlado

γέρος | νέος

uključeno / isključeno

αναμμένος / σβηστός

otvoreno / zatvoreno

ανοιχτός / κλειστός

tiho / glasno

χαμηλόφωνος / μεγαλόφωνος

bogato / siromašno

πλούσιος / φτωχός

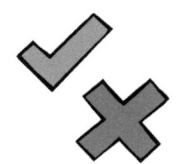

tačno / pogrešno

σωστός / λανθασμένος

hrapavo / glatko

τραχύς / λείος

tužno / sretno

λυπημένος / χαρούμενος

kratko / dugo

κοντός / μακρύς

polako / brzo

αργός / γρήγορος

mokro / suho

υγρός / στεγνός

toplo / hladno

ζεστός / δροσερός

rat / mir

πόλεμος / ειρήνη

0
nula
μηδέν

1
jedan
ένα

2
dva
δύο

3
tri
τρία

4
četiri
τέσσερα

5
pet
πέντε

6
šest
έξι

7
sedam
εφτά

8
osam
οκτώ

9
devet
εννιά

10
deset
δέκα

11
jedanaest
έντεκα

12
dvanaest
δώδεκα

13
trinaest
δεκατρία

14
četrnaest
δεκατέσσερα

15
petnaest
δεκαπέντε

16
šestnaest
δεκαέξι

17
sedamnaest
δεκαεφτά

18
osamnaest
δεκαοκτώ

19
devetnaest
δεκαεννέα

20
dvadeset
είκοσι

100
stotinu
εκατό

1.000
hiljadu
χίλια

1.000.000
milion
εκατομμύριο

engleski

Αγγλικά

američki engleski

Αμερικάνικα Αγγλικά

mandarinski kineski

Μανδαρίνικα Κινέζικα

hindski

Χίντι

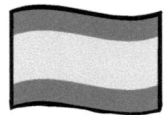

španski

Ισπανικά

francuski

Γαλλικά

arapski

Αραβικά

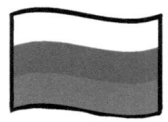

ruski

Ρώσικα

portugalski

Πορτογαλικά

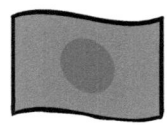

bengalski

Μπενγκάλι

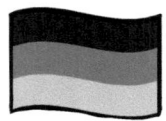

nemački

Γερμανικά

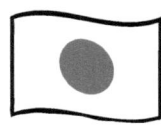

japanski

Ιαπωνικά

ja
εγώ

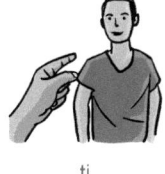

ti
εσύ

on / ona / ono
αυτός / αυτή / αυτό

mi
εμείς

vi
εσείς

oni
αυτοί / αυτές / αυτά

Ko?
ποιος / ποια / ποιο;

Šta?
τι;

Kako?
πώς;

Gde?
πού;

Kada?
πότε;

ime
όνομα

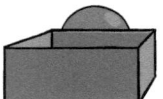

iza

πίσω

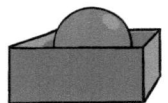

u

μέσα

ispred

μπροστά

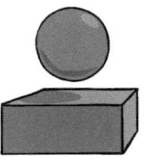

preko

πάνω από

na

πάνω

ispod

κάτω

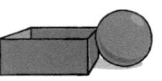

pored

δίπλα

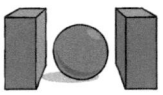

između

ανάμεσα

mesto

μέρος